Gustav-Heinemann-Initiative

Wer macht unsere Zukunft?

Sind wir nur Marionetten?

RADIUS

Herausgegeben von Gerhard Dürr und Walter Hähnle

CIP-Kurztitelaufnahme der Deutschen Bibliothek

Wer macht unsere Zukunft?; Sind wir nur Marionetten?; Texte d. Gustav-Heinemann-Initiative 1980 / hrsg. von Gerhard Dürr u. Walter Hähnle. – Stuttgart: Radius-Verlag, 1980.
ISBN 3-87173-573-6

NE: Dürr, Gerhard [Hrsg.]; Gustav-Heinemann-Initiative

ISBN-3-87173-573-6

Umschlag: Gerhard Schröder
Gesamtherstellung: Clausen & Bosse, Leck
Printed in Germany

Brigitte Gollwitzer

Vorwort

Ist Politik noch der Mühe wert – oder nur Exekution von Sachzwängen? Macht nur Machen mächtig – oder können Bürger Gegenmacht gegen die Macher bilden? Ist der Aufstieg der Reaktion aufhaltbar oder ist der Rechtsruck ohne Alternative? Ist immer weitere Aufrüstung der Weg zur Friedenssicherung – oder kann aus der Utopie »ohne Waffen leben« Wirklichkeit werden? Wo liegen »Drohung und Chance« der unmittelbaren Zukunft?

Das waren einige der Vorüberlegungen im Trägerkreis der Gustav-Heinemann-Initiative, die zu dem Thema: »Wer macht unsere Zukunft? Sind wir nur Marionetten?« für die 3. Rastatter Tagung am 16./17. Mai 1980 führten. Etwa 250 Teilnehmer, gefordert und angeregt durch das Hauptreferat von Freimut Duve und den Beitrag von Dieter Lattmann, durch Dieter Hildebrandts und Walter Moßmanns politische Satire betroffen gemacht, fragten in 4 Arbeitsgruppen mit Hilfe der vorgelegten Arbeitspapiere nach Ursachen von Sachzwängen und Weltuntergangsängsten, nach Auswegen aus Resignation und Ohnmachtsbewußtsein, aus der Versuchung zum ›Aussteigen‹ aus der Politik. Konkrete Beispiele aus verschiedenen Lebensbereichen wurden dargestellt und auch in persönlichen Gesprächen ausgetauscht. Für die Weiterarbeit in den Regionen werden die hier abgedruckten Papiere empfohlen; dies auch in der Hoffnung, daß in Zukunft stärker auch regionale Probleme angefaßt werden können und dadurch Impulse auf die gesamte Initiative ausgehen.

»Hartnäckig mehr Demokratie zu wagen in einer Zeit, in der die Verfechter des bestehenden Zustands sich verabredet haben, weniger Demokratie zu riskieren« (Lattmann), schafft selbständig handelnde, langfristig denkende, beharrlich verändernde, Widerstand anmeldende Bürger, unfähig zum Marionettendasein.

Auf dem Hintergrund der weltpolitischen und innenpolitischen Situation des Jahres 1980, in dem Ängste und Kriegsgefahr beherrschende Themen in den Medien, in unzähligen Gruppen und im Leben des Einzelnen sind, bekam die Rastatter Zusammenkunft eine besondere Aktualität: Gescheiterte amerikanische »humanitäre Aktion« zur Befreiung amerikanischer Geiseln in Teheran; Besetzung Afghanistans durch sowjetische Truppen; Nachrüstungsbeschluß der NATO; Aufstockung des Rüstungsetats; blutige Unruhen in El Salvador, zugespitzt nach der Erschießung des Erzbischofs Romero; Olympia-Boykott, beschlossen durch das bundesdeutsche Olympia-Komitee; große, friedliche Demonstration gegen demonstrative öffentliche Veranstaltung zur Ablegung des Gelöbnisses von Bundeswehr-Rekruten im

Weser-Stadion von Bremen – und gleichzeitig gewalttätige Ausschreitungen; zunehmende Schärfe im Bundestagswahlkampf mit seiner Entscheidung zwischen den Kanzlerkandidaten Helmut Schmid und Franz-Josef Strauß.

In dieser Situation kam Ermutigung für die Teilnehmer aus der Tagung selbst und aus den Schlußworten Erhard Epplers: »Wir müssen die Beweispflicht nicht nur für die Veränderung, sondern für das Bestehende einführen. Es ist nicht nur so, daß jeder, der etwas verändern will, nachweisen muß, daß das auch gut ist; sondern in einer Zeit, in der die Fortschreibung dessen, was wir bisher getan haben, mit Sicherheit in Katastrophen führt, ist auch das Bestehende und die Fortschreibung des Bestehenden beweispflichtig.«

Helmut Simon
Grußwort

Die Tagung steht unter einer Thematik und hat Unterthemen, die uns wahrscheinlich die 80er Jahre lang begleiten werden, die vielleicht wesentlich für die Politik der 80er Jahre sein werden.

Ich brauche die Gustav-Heinemann-Initiative hier nicht besonders vorzustellen. Es liegen inzwischen zwei Veröffentlichungen von den früheren Veranstaltungen vor, die eine deutliche Linie ergeben. (s. Seite 95) Über die Zeit zwischen den Veranstaltungen haben Sie Informationsbriefe informiert, auch über die regionale Arbeit, die in der Zwischenzeit geschehen ist. Auf der Veranstaltung im vorigen Jahr war eins der Themen der Extremistenbeschluß und seine Praxis. Im Anschluß an die vorjährige Tagung ist das Thema der Kriegsdienstverweigerung weiterbearbeitet und in der Zwischenzeit ein Vorschlag zur rechtlichen Neuregelung des Kriegsdienstverweigerungsverfahrens erarbeitet worden. Das Gesetzgebungsprogramm ist zur Zeit etwas ins Stocken geraten, und es bestehen keine besonders guten Aussichten, daß da noch vor den Wahlen etwas geschieht.

Es wird immer wieder gefragt: »Was macht eigentlich die Gustav-Heinemann-Initiative zwischen den Veranstaltungen?« Daß ihr Schwerpunkt diese Veranstaltungen und die Arbeit auf diesen Veranstaltungen ist – eine Arbeit, die versucht, mit langem Atem an diese Probleme heranzugehen –, ist klar; aber das genügt eigentlich für eine solche Initiative nicht. Wir müssen zugeben, daß wir da noch ein bißchen in Anlaufschwierigkeiten sind.

Sicher ist wohl, daß alle, die hier sind, von den Vorgängen der letzten Monate sehr bedrückt waren. Das hat natürlich auch die Gustav-Heinemann-Initiative beschäftigt, und ein Sprecherkreis, der aus dem Trägerkreis gebildet worden ist, hat sich daher auch zu der außenpolitischen Lage geäußert. Ich darf Ihnen eine Äußerung vorlegen, die der Sprecherkreis vor etwa drei Wochen veröffentlicht hat:

»1.) Die gegenwärtige außenpolitische Krise in Afghanistan und im Iran kann und darf nur mit friedlichen Mitteln gelöst werden.

2.) Diese Krise bestätigt, daß es dringend erforderlich ist, Friedensstrategien zu entwickeln, um die Ausweitung von regionalen Konflikten zu verhindern und sie auf friedlichem Wege beizulegen. Dazu gehört, die Interessen, Erfahrungen und Ängste der anderen Seite mitzudenken.

3.) Solidarität gegenüber unseren Verbündeten bedeutet nicht, deren Maßnahmen kritiklos zu unterstützen. Gerade Freunde haben die Pflicht, auf ihre Verbündeten mäßigend einzuwirken und sie vor Fehlern zu bewahren.

4.) Entspannung ist nicht unteilbar. Sie muß überall dort gesucht werden, wo sich eine Chance dazu bietet.

5.) Gerade jetzt sind Kontakte zwischen den Völkern besonders wichtig. Das gilt nicht nur für den politischen, sondern auch für den kulturellen, wissenschaftlichen und sportlichen Bereich.«

Der Trägerkreis hat sich heute noch einmal mit dieser Erklärung befaßt und sie gebilligt – auch und gerade, nachdem gestern der NOK-Beschluß gefaßt worden ist.

Dieter Hildebrandt

Anmerkungen eines mündigen Bürgers

»Das ist natürlich unmöglich, was der Moßmann da eben meinte, es gebe einen Rundfunksender, wo die politischen Parteien keinen Einfluß ... Das ist ausgeschlossen. Das wird er auch schon noch merken! Ich erzähle eine Geschichte, die handelt eigentlich nicht von Radio Grün, wie bei Moßmann, sondern mehr von Radio »Schwarz«. Das ist allerdings kein Piratensender, sondern mehr eine öffentlich-rechtliche Anstalt. Da ist man als freischaffend – das ist ja eine Berufsbezeichnung, die sehr merkwürdig ist, d. h. Menschen, die frei schaffen, schaffen, schaffen, und die können schaffen, was sie wollen, eins schaffen sie nie: frei zu sein; das sind Freischaffende. Man kann ja jetzt als Freischaffender schon mit einem Satz etwas erreichen. Hat man früher nie gekonnt. Man kann mit einem Satz viel tun, man kann aber nicht viel verändern: Man kann mit einem Satz noch gerade über die Straße kommen, bevor einen das Auto ... oder mit einem mächtigen Satz über 2,30 m springen; aber mit einem ohnmächtigen Satz aus einem Rundfunksender zu fliegen, das ist jetzt neu! Und das ist fantastisch, man schafft es leicht, man muß nur gut sein. Man muß nur sagen, beispielsweise, man spricht über Programmdirektoren und Intendanten und sagt dann einfach: ›Die machen sich in jede Hose, die man ihnen hinhält!‹ Dann ist man nicht gleich rausgeflogen, ist ja klar, dann ist man dispensiert, also freigestellt; es wird einem freigestellt, ob man jetzt aus eigenem Antrieb vielleicht bessere Sachen, richtigere Sachen sagt, oder man muß so lange pausieren, bis man erfaßt hat, was man an diesem Sender sagen soll, darf und muß.

Wenn dann aber jemand weiterhin der Meinung ist: »Ich bleibe hier, ich bin der Meinung, daß diese Öffnung in meinem Kopf nicht nur zum Kartoffelnreinschütten und Kaffeeeingießen ist, sondern da muß auch ein Output sein – ein verbaler Output.« Wenn man dann also weiterhin der Meinung ist, und man beweist noch, daß auch ein Teil der Zuschauer und Zuhörer sogar der Meinung ist, daß man einigermaßen recht hat –, dann fängt bei den Sendern die Mengenlehre an. Weil – und das ist eine sehr merkwürdige Mengenlehre – man sagt: »Herr Redakteur, Sie haben da gesagt, daß ein Teil der Menge Ihnen zustimmt. Ich muß Ihnen sagen, daß die Menge der Zuschauer nicht teilbar ist. Das müßten Sie aus der Mengenlehre eigentlich wissen; denn es gibt Arme und Reiche, es gibt Dumme und Schlaue, es gibt Alte und Junge, es gibt Linke und Rechte, es gibt Gute und Böse, es gibt ...« Wenn einer also nun reich ist, muß er nicht dumm sein und links sein. Wenn einer ... Das paßt einfach nicht, das geht nicht! Und umgekehrt.

Auch als Rundfunkhörer: Man kann in Bayern z. B. nur den Bayrischen Rundfunk ..., das ist genauso eine verzweifelte Situation. Übrigens: »Zensur, das wollen wir jetzt mal ... Auch Meinung ist ja nicht teilbar.« Das sagen die auch immer: »Meinung ist nicht teilbar.« Wenn man Ihnen sagt »aber ich bin der Meinung ...« »Meinung ist nicht teilbar. Wir z. B. teilen Ihre Meinung nicht.« Dann steht man da, und man ist versucht, plötzlich zu schreien: »Zensur!« Zensur gibt es natürlich nicht! Nein, das gibt es wirklich nicht. Es gibt nur zunehmenden Erfolg, die Besetzung der Posten in den Rundfunksendern so zu gestalten, daß immer mehr Leute dasitzen, bei denen Zensur gar nicht notwendig ist. Und das kann man sehr elegant machen, da gibt es keinen Wirbel und gar nichts.

Ich z. B. habe mir da gedacht: »Machst du mal einen Vorwärtsangriff und versuchst mal, eine leitende Position zu ergreifen. Damit du mal weißt, wie das geht. Da kannst du mit beeinflussen, da kannst du ...« Und da habe ich mir gedacht: »Wirst du Abteilungsleiter im Hörfunk.« Ja, warum eigentlich nicht? Meine Frau hat sowieso schon zu mir gesagt: »Du arbeitest mit dem Kopf. Wenn das Handwerkszeug mal nachläßt, dann mußt du eine leitende Position haben.« Dann habe ich mir erst die Visitenkarte drucken lassen, da steht drauf: ›Abteilungsleiter Hörfunk‹ –, weil, es gibt viele, die drucken erst einmal drauf, was sie werden wollen und versuchen dann, das zu werden, was draufsteht. Das habe ich gemacht. Da hatte mir einer einen Tip gegeben.

In einer Großstadt, wie München z. B., ist das sehr einfach. Es gibt ja die sogenannte Münchner Gesellschaft, wo die letzten verbliebenen Adelssprosse noch mit den Motorrädern an die Bar fahren, also wo wirklich noch etwas los ist. Wo die großen Buffets sind. Da muß man dann hingehen, zu diesen großen Buffets, wo diese Leute alle sind, muß sich zwanglos druntermischen –, und wenn man das, was an dem kalten Buffet einem angeboten wird, widerstandslos zu sich nimmt und es trotz der dort weilenden Menschen auch bei sich behält, dann hat man eine Chance, Kontakte zu knüpfen.

Ich habe da gleich einen Rundfunkrat getroffen. Das hat sich aus zwischenmenschlichen Beziehungen ergeben. Ich bin Schlesier, und er ist Pommer. Ein Schlesier und ein Pommer, das geht immer zusammen, nicht? Er war Rundfunkrat für Vertriebene. Er hat zwar schon vierzig Jahre an der Dachauer Mauer gewohnt, aber er war ganz früh aus Pommern nach München ... Der hat mich dann gleich auf eine Liste gesetzt. Nun war ich ja schon auf einer, das hat der aber nicht gewußt. Ja, ja, Listen führt jeder. Ich habe gehört, die Roten haben auch schon »schwarze Listen« ...

Und dann mußte ich zu einem Hearing. Das klingt nur so. Also, da wird man ab ... da wird man angehört, was man für einer ist. Das können die sofort beurteilen. Man stellt sich dahin und dann ... Man steht kaum eine Sekunde da, schreiben die schon. Unglaublich, wie schnell die das erfassen. Man wird angehört, was man für einer ist und was man freiwillig für einer zu werden bereit ist, wenn man diesen Job bekommen möchte. Und dann ist da ein Gremium – das klingt nur so, das sind alles nur Leute, sitzen da unten im Dunkeln, man steht da oben, angeleuchtet –, und da haben die alle so Zettel, und da schreiben die drauf. Und da kommen sofort die Fragen. Schnell, wuff, kommt die erste Frage von unten: »Was halten Sie von Privateigentum?« Da habe ich gesagt: »Ja, ja ...« Gleich geschrieben. Und: »Wie stehen Sie zum Staat?« Habe ich also gesagt: »Immer so (Hand vor dem Gesicht), auf jeden Schlag gefaßt.« Das kam dann nicht so gut an wie bei Ihnen hier. Die nächste Frage war: »Was, glauben Sie, ist Staatseigentum?« Und da habe ich gesagt: »Staatseigentum ist das, was der Staat dem Bürger vom Munde abgespart hat.« Da haben die dann sehr viel geschrieben, und da habe ich nachher rausgekriegt: das ist nicht gut, wenn die so viel schreiben. ... Dabei hätten die mich gar nicht so fragen müssen. Ich hatte so ein kleines Buch geschrieben, da stand schon alles drin. Die hätten bloß nachlesen ... Aber von denen liest so etwas keiner!

Das war auch so eine Sache, heute ein Buch schreiben ... Mein Verleger hat zu mir gesagt: »Das wird eine Rakete!« Aber nun gibt es Raketen, die fangen gleich beim Start wieder zu landen an. Jetzt liegt mein Buch in allen Buchläden wie ein Stein. Aber mein Verleger hat gesagt, das ist so ein ›Recycling Way‹. Habe ich damals noch nicht gewußt, was das ist, jetzt weiß ich es: Recycling, das ist das Endprodukt eines Verdauungsvorganges, das, als Dünger verwendet, wieder etwas zum Blühen bringt, was man wieder essen kann, oder so ... Also schlicht: Scheiße! Mein Buch ist jetzt ›on the Recycling Way‹ (vgl. S. 95) ... Sind Sie mal auf der Frankfurter Buchmesse gewesen? Und schreiben Sie noch? 200000 Neuerscheinungen! Es ist wiederum eigentlich ganz positiv: es zeigt beim deutschen Leser deutlich die Tendenz zum Zweitbuch. Ja, das ist logisch, weil, wer einen Simmel hat, der will auch ... Und der Simmel schreibt und schreibt und schreibt, weil er Angst hat, daß die Leser ihn einholen.

Habe ich Ihnen jetzt schon erklärt, daß ich bei dem Gremium durchgefallen ...Nicht? Ja, das war so: Ganz zum Schluß hat einer gesagt von diesem Gremium – ich glaube, den Ausschlag gab die Dame für das evangelische Jugendbuch – die sagte sehr spitz: Wenn ich diese Abteilung im Hörfunk übernehmen würde, dann würde die parteipolitische Unabhängigkeit in dieser Abteilung, in diesem Sender nicht gewährleistet sein. Na ja.

Dann habe ich es über eine Partei versucht. Und plötzlich war ich Abteilungsleiter ... Das ist so! Dabei habe ich auch noch einen Fehler gemacht, einen großen Umweg! Ich habe gedacht, da muß man sich vielleicht bei der Partei beliebt machen, daß man da vielleicht was leistet oder so. Da habe ich mich zunächst einmal um einen Listenplatz bei der SPD beworben – aber bis da mal einer ... Und die werden alt! Weil, ein Listenplatz in der SPD ist wie eine Grundbucheintragung. Dann habe ich angefangen zu arbeiten, für die Partei; habe gedacht, vielleicht ist das ein Weg. Ich habe dann Plakate abgerissen, ich habe dem politischen Gegner freudlose Gesichter geschnitten, und plötzlich haben die Genossen gesagt: »Moment mal, der will wohl Karriere machen?!« Und fingen an, mich hinter meinem Rücken zu loben! Und plötzlich war ich im Rundfunk. Und jetzt stehe ich hier auf dem Gang im Rundfunk ...

Wissen Sie, Rundfunksender sind auch so eine Art Papierkorb für abgelegte Politiker – ich weiß nicht, ob ich das hier sagen darf: Kommt nämlich immer einer vorbei, der schnüffelt nach Radikalen. Die schnüffeln nach Radikalen – ganz liberale Leute!!! – Die schnüffeln herum wie, wie die Trüffelhunde ...! Ich weiß, man nimmt eigentlich Schweine, aber so weit wollte ich nicht ...

Habe ich Ihnen schon gesagt, daß ich bei dem Hearing ... Ja, das habe ich schon gesagt. Wissen Sie, was das Gemeine war? Das ist eine Frechheit: Als ich herkam, war überhaupt keine Planstelle frei! Aber das macht nichts, weil, in dem Fall wird dann eine geschaffen: Ich bin jetzt in der Hauptabteilung Blasmusik. Ich leite die Abteilung Flöte. Weil aber dann noch ein Fall von einer anderen Partei dazukam, mußte das noch einmal gesplittet werden. Jetzt leite ich die Abteilung Querflöte und streite mich mit meinem Kollegen von der Blockflöte, in welchen Kompetenzbereich die indonesische Nasenflöte fällt.

Ich bin jetzt an einer Arbeit dran. Ich habe mich langsam an diesen Sender gewöhnt. Ich besetzte jetzt meine Streichquartette – ich meine, die wo eine Flöte drin ist, die anderen Quartette habe ich ja nicht in meiner Kompetenz. Habe auch schon einige Quartette zusammengestellt, habe noch nie gespielt – aber es ist schwierig, weil, ich muß nach dem Proporzsystem vorgehen, nicht? Jede relevante Gruppe muß ja drin sein, nicht? Der Geiger ist von der SPD; dann habe ich einen von der Gewerkschaft; der war vorher eigentlich kein Musiker, der spielt eigentlich Trompete, gehört eigentlich nicht in ein Streichquartett, er blies sehr gut Trompete, bei Sprengungen in einem Steinbruch hat er immer vorher die Trompete geblasen. Weil keiner von der Gewerkschaft drin war, mußte einer rein. Nun habe ich alle Gruppen berücksichtigt, nun ist mein Streichquartett leider auf neun Personen angewachsen. Ich finde keine Literatur dafür. Jetzt wird es immer schwieriger. Aber mindestens eins ist gelungen: Mein Vorgesetzter, der Programmdirektor, hat mich neulich wiedergesehen, hat mir die Hand richtig warm auf die Schulter gelegt und hat gesagt: »Sie haben sich langsam an dieses Haus gewöhnt. Doch, Sie sind jetzt auf dem richtigen Wege.« Auf dem richtigen Wege – Recycling Way ...

Nach Liedbeiträgen von Walter Moßmann sagte Dieter Hildebrandt:

»Weiß gar nicht, was der Moßmann dauernd mit den Kernkraftwerken hat. Immer, immer dieses Thema. Muß das sein? Die machen doch auch bloß Wasser heiß! Als mündiger Bürger muß man das sehen. Man muß auch sehen, daß das alles eine andere Seite hat.

Das wird mir in letzter Zeit immer häufiger, und zwar von allen Seiten, besonders vor Wahlen, immer wieder bestätigt, daß wir alle ein mündiger Bürger sind. Und da bin ich dann sehr stolz auf uns. Das heißt also, daß ich selber entscheiden kann, daß ich mitdenken kann, selbständig denken kann. Besonders an Wahlsonntagen merke ich, wie wichtig ich bin: wenn dann diese langen Gesichter anschließend um den runden Tisch Fernsehstudio sitzen und mich mit wehen Augen ansehen: warum ich sie denn nicht gewählt habe! Dann sagt meistens einer: »Es ist jetzt noch zu früh, um ...« Ich finde gar nicht ... Es ist zu spät!!! Das meiste Geld geben die Parteien, glaube ich, dafür aus, um herauszukriegen, warum sie jemand nicht gewählt hat. Statt sich vorher zu bemühen herauszubekommen, warum eigentlich ein Bürger sich verleiten lassen sollte, sie zu wählen.

Ich meine, was kann es gewesen sein, was die Bürger ...? Die Wahlplakate können es nicht gewesen sein. Wenn ich so davor stehe als mündiger B ... – also da sind die Waschpulver ... präziser: Da stehe ich davor, und da steht dann ganz genau, warum ich Prosil, Wischan oder wie das heißt, nehmen soll – weil man damit auch bunte Wäsche weiß waschen kann. Da sind Informationen drin, finde ich! Wobei ich wiederum nicht verstehe: weil doch die, die die Parteien engagiert haben, das sind doch lauter Waschmittelwerber! Die haben doch vorher für Waschmittel ... und die werben doch teilweise für Politiker, die vorher nichts anderes als Waschpulver ..., nicht?

Aber in dem Moment, wo es sich um uns Wähler handelt, gehen die mit dem Niveau ihrer Mitteilung so rabiat runter, daß ich das Gefühl habe, die halten uns alle für Analphabeten. Ich stehe z. B. vor einem Wahlplakat, da steht drauf: »Damit es wieder aufwärts geht.« Sonst ist da nur das Gesicht von dem Kandidaten, und drunter steht: »Damit ...« Womit? Mit dem Kandidaten? Oder mit der Partei? Oder mit uns? Oder mit der Korruption? Oder mit den Benzinpreisen? Ich meine, da ist ja ohnehin eine stetige Aufwärtsentwicklung zu beobachten. Also was solls? Mit dem Steueraufkommen? Oder dann steht z. B. auf einem Plakat: »Damit es alles so bleibt.« Was soll so bleiben? Da frage ich mich wirklich: Die Preise? Oder vielleicht die Finanzen von Thyssen und Mannesmann?

Oder soll etwa gar die »Neue Heimat« bleiben, so bleiben, wie sie ist? Ich frage mich ja ohnehin: Was mache ich als mündiger Bürger, wen wähle ich nicht, damit ich die »Neue Heimat« nicht wähle? Das scheint ja so eine Art Sozialversicherung für ausgeknockte Politiker aller Parteien zu sein, so 'ne Art Fangnetz für aus der Kurve Getragene!

Oder da stehe ich in Baden-Württemberg vor den Wahlplakaten, und da steht drauf: »Für ein bißchen mehr Menschlichkeit.« Wo – innerhalb der SPD? Das kommt mir so vor wie der Notschrei einer sozialdemokratischen Diaspora in Baden-Württemberg, die ihre Kinder in Baden-Württemberg nicht mehr in solche Schulen schicken dürfen. Und warum eigentlich nur ein bißchen mehr Menschlichkeit? Oder ist es der Notschrei: »Laßt uns ein bißchen Sozialdemokrat sein, ein bißchen wenigstens!«

Ich muß schon sagen, die Wahlplakate haben mich schwer ... In München sehe ich neulich ein Plakat, da steht das Portrait von dem bayrischen Innenminister Georg Tandler. Steht da drunter: »Sicherheit für unsere Bürger.« Welche Sicherheit? Sicherheit vor Tandler? Hat es bisher eine Sicherheit im bayrischen Staat vor dem bayrischen Staat überhaupt gegeben? Das ist jetzt die große Frage. Oder Sicherheit für die Pfründen von Herrn Tandler vielleicht? Jedenfalls, ich kam mir ein bißchen verscheißert vor, muß ich schon sagen.

Nun ist das mit den Wahlplakaten für einen mündigen Bürger sowieso schwer, nicht? Da steht nämlich auch die Drohung dahinter: »Für unsere Bürger.« Also wem gehört der Bürger in Bayern? Und wer sind die anderen? Wahrscheinlich irgendwie so Türken, Jungsozialisten, Dichter, bayrische Landesverräter, Trachtenverweigerer. Oder linke Breslauer. Man weiß bei dem Tandler nie ganz Bescheid.

Ja, und jetzt denke ich mir langsam: Die Wahlwerbung – muß sie eigentlich so blöd sein? Und ich bin der Meinung, die Werbung im Wahlkampf muß so blöd sein, weil die, die von uns gewählt werden wollen, glauben, daß wir so blöd sind. Und das finde ich also ...

Ich bin einmal auf den Gedanken gekommen – blöder Gedanke – »Laß dich doch mal wählen!« Das ist fürchterlich kompliziert! Da mußt du erst mal, um gewählt zu werden – das ist demokratisch, nicht? – da gehst du hin und du sagst, du willst gewählt werden; da wirst du ausgesucht, und die wählen dich ...? Viel komplizierter! Da mußt du erst mal in die Partei hinein und dann mußt du irgendwie hervorragend sein. Nicht doofe Bemerkungen oder so ... Du mußt lauter reden als die anderen und öfter.

Es muß nicht unbedingt was Kluges sein, sondern etwas Verwertbares – es wird nicht immer das Klügste verwertet; – wenn du das lange genug machst, dann wirst du langsam eine Bezugsperson. D. h. alle Leute, wenn sie deinen Unsinn verwerten und weitererzählen, beziehen sich dann auf dich. Dann mußt du schnell zu den Oberen gehen, die das natürlich stört, und dann mußt du sagen: ›Diese Dummköpfe haben natürlich alles falsch interpretiert.‹ Die Oberen beziehen sich dann wieder auf dich. Das heißt, du hast einen doppelten Einsatz geleistet: Es ist dauernd von dir die Rede. Und dann bist du relevant. Dann gehörst du nämlich nicht mehr zur Basis, weil ... dann bist du schon eine Bedrohung für die anderen Relevanten, d. h. du rüttelst schon am Gemäuer! Du mußt aber immer sagen, daß du von der Basis kommst, vor der haben sie Angst oben, vor der Basis. Wenn die Basis nur einmal den Kopf schüttelt, gemeinsam: »Um Gottes willen, aufhören, das Dach wackelt!« Du mußt lange genug mit der Basis drohen, und dann sagt einer: »Komm rauf, Junge, oben wirst du ruhiger.«

Und wenn du dann oben bist, dann ist sowieso alles anders. Dann brauchst du gar nicht mehr relevant zu sein, weil, wer oben ist, ist eben oben.

Das Raufkommen selber, das ist nicht ganz so einfach. Man kommt nicht einfach hoch, die Partei wählt einen. Wenn z. B. eine Liste hergestellt wird – da stehen alle Leute drauf, die einen Bezirk im Bundestag vertreten –, wäre es das Dümmste, wenn man in diesem Bezirk die 20 Klügsten auswählen würde, weil: 15 von denen wären dann womöglich gar nicht relevant! Das hat nichts mit Klugheit zu tun; darum sitzen im Bundestag lauter Relevante, aber ... Das merkt man ja auch.

Wenn du relevant werden willst, ohne daß du groß ..., dann mußt du Jura studieren. Jura – da bist du heute absolut relevant, weil 99% aller mündigen Bürger, so wie ich, sind ja Gesetzestextlegastheniker. D. h. sie verstehen gar nicht, was sie nicht dürfen. Ein Jurist heute steht mit einem Bein im Bundestag und mit dem anderen Bein stößt er sich von der Basis ab. Juristen haben es gut. Wer Gesetze machen will, muß sie ja nachher auch lesen können. Darum muß man ja Jura studieren. Ob er sonst etwas lesen kann, ist völlig unwichtig. Es gibt beispielsweise in jeder Partei ungefähr mindestens 150 Abgeordnete, meistens Juristen, die sind also in der Lage, die sind spezialisiert auf Rechtswesen. Und es gibt einen für Kunst und Kultur. Und der ist meistens nicht relevant.

Relevant heißt nach dem Duden: wichtig, erheblich. Kunst und Kultur sind für die Parteien in unserem Bundestag nicht erheblich. Das ist doch die Folgerung, oder? Manchmal – nur vor Wahlen, jetzt z. B. – kommt die SPD auf die Idee und sagt: ›Laden wir mal einen Künstler ein oder einen Philosophen, den holen wir dann auf einen Parteitag, weil wir dann ... Das kann vor Wahlen ganz gut sein: Es gibt 30000 arbeitslose Schauspieler und Bühnenbildner und Regisseure und Autoren, vielleicht rührt die das. Stimmen sind es immer.‹ Und dann holen sie sich einen; die SPD sagt: »wir sind ja eine kritische, meinungsfreudige Partei, die untereinander Kontroversen austauscht. Die anderen, die haben als einzigen schonungslosen Kritiker nur den Golo Mann, aber wir« – sagt die SPD – ›wir laden uns sogar den Böll, den Grass, den Frisch, den Jens, den Lenz – den Jens sogar ein!‹ Auf dem Parteitag durfte der auftreten, wie der Frisch. Das ist unsinnig, völlig unsinnig! Das ist ungefähr so, wie wenn auf einem Zahnärztekongreß ein Patient eine Rede halten darf. Und jetzt kommt der Jens und hält die Rede – und die jubeln!!! Meistens waren keine Relevanten da: Gejubelt haben sie, es war ein Riesenerfolg, ich habe die Rede gelesen, unheimliche Sachen!

Ist aber nicht so schlimm, weil ... kurz danach habe ich das Fernsehen eingeschaltet: Im bayrischen Fernsehen kam dann eine Sendung, wo dieser Medienkontaktmann der bayrischen Regierungspartei, der Mühlfenzl, Helmut Schmidt gefragt hat, ob ihm denn dabei nicht unwohl wird, wenn dieser Professor Jens ihm seine Partei rhetorisch links wegphilosophiere. Daraufhin hat der Bundeskanzler nur ganz kühl gesagt: »Ich habe ihn nicht eingeladen.« Ihm kann gar nichts passieren, denn der Bundeskanzler ist ja relevant.

Als das passierte, kurz darauf, da hat der Jens gleich Schwierigkeiten gehabt: In Hamburg, die kamen auf die Idee, sie könnten ihn eventuell berufen, sie könnten ihm den Ruf als Lessing-Professor usw.; und dann haben Professoren sofort einen Schreck gekriegt und haben gesagt: ›Um Gottes willen, diesen Jens nach Hamburg holen, der ja offensichtlich ein paar Verwünschungen gegen den Staat ...‹ Die haben richtig Angst gehabt. Macht aber nichts. Der Jens soll sich da nicht grausen, der Lessing hätte bei denen auch keine Chance. Und der Lessing hat ja das richtige dazu gesagt, der hat gesagt: »Neid ist ein kleines kriechendes Laster, das keine andere Befriedigung kennt als das gänzliche Verderben seines Gegenstandes.«

Ich kann da als mündiger Bürger nur – ich kann ja noch so mündig gesprochen werden, wenn sich deutsche Universitätsprofessoren oben streiten, da habe ich einen Heidenrespekt davor, da habe ich immer das Gefühl: es ist Putz im Olymp.

Wenn ein deutscher Universitätsprofessor die Lage erklärt, muß ich meinen Kopf festhalten, damit der nicht dauernd nickt. Und ich habe auch Angst vor den Briefen, die deutsche Akademiker so schreiben. Besonders seit mir neulich, hochvornehm, ein deutscher Chefchirurg geschrieben hat: »Einem Arschloch wie Ihnen sollte man das Maul zunähen. Hochachtungsvoll Prof. Dr. Dr. ...« Nun nähen diese Leute ja in letzter Zeit merkwürdige Sachen zu, schon deshalb, weil sie ganz genau wissen – der Computer sagt es ihnen ja auch – wo die unzumutbaren Öffnungen bei einem mündigen Bürger zu suchen sind.

Einmal habe ich mich echt beschwert. Ich habe gesagt: »Ich habe das Gefühl, daß ich sexuell ausgespäht werde.« Es kommen dauernd Leute an, mit einem Zettel, die wollen irgend etwas wissen und tragen das dann ein und fragen mich, wie oft ich das mache und mit wem, und was meine Partnerin vorher sagt und nachher, und ob ich dabei den Hut aufbehalte oder nicht.« Unglaubliche Fragen stellen die mir! Eine Frage haben die mir gestellt: »Lassen Sie das Licht dabei an?« Und dann: »Sind Sie sofort beim Psychiater gewesen, als Sie gemerkt haben, daß Sie Ihre Schwägerin begehren?« Und das muß ich alles beantworten! Und da habe ich aufbegehrt und hab' gerufen, daß ich das für einen Lauschangriff auf mein Schlafzimmer halte ...

Nein, um Gottes willen, weit weg davon; der Befrager sagte: »Das geschieht einzig und allein nur im Rahmen unseres BEFABE-Programms – ›Beobachtende Fahndung Bett‹ – das ist ein prophylaktischer Therapie-Versuch für Ihre erotische Unruhe, die zu politischer Unzuverlässigkeit führen kann. Zunächst, damals in den 60er Jahren, haben wir das noch für harmlos abgetan, was die jungen Leute sagten: ›Wer zweimal mit derselben pennt, gehört schon zum Establishment.‹ Das haben wir damals noch ... Aber was war die Folge? Viel Verdrossenheit. Und dann war natürlich auch Chaos in der BEFABE, weil man nie wußte, wer wo mit wem gerade zusammen irgendwo war. Und das hat uns durcheinandergebracht. Dann war es ja alles durcheinander, diese erotische ... Mama wurde aufgeklärt, was sie alles verpaßt hat, das war ganz gefährlich, und der Papa machte plötzlich auf jung und wurde Sympathisant. Und heute haben wir einen neuen Spruch: ›Wer sexuell zu hetero ist, der ist an sich ein Anarchist.‹

Und da war ich sehr beruhigt, daß ich als mündiger Bürger, da weiß ich: Nicht jeder hat die Freiheit, die er sich herausnehmen kann, die er braucht; es gibt eine Freiheit für alle, und jeder kriegt seinen Teil. Auf den Kopf der Bevölkerung fällt ein ganz bestimmter Teil Freiheit. Wir alle entscheiden ja mit, wie sie verteilt wird, wir mündigen Bürger. Und damit nicht einer mehr kriegt als der andere, darum muß eben aufgepaßt werden.

Nun gibt es ja nicht nur Aufpasser, die darauf aufpassen, es gibt ja auch Aufpasser, die darauf aufpassen, daß die Aufpasser nicht zu sehr aufpassen. Es gibt also ein Datenschutzgesetz. Aber da weiß ich nicht genau, wie das jetzt ist. Schützt das Gesetz die Daten, die das BKA von mir hat, oder meine vor dem BKA?

Als mündiger Bürger bin ich ... Wenn ich jetzt zu Herrn Herold gehe und ganz frech frage, was nun ist – ist das auch wieder schlecht, es wird ja wieder gespeichert, daß ich ihn gefragt habe? Und da bin ich sofort wieder verdächtig.

Und darum meine ich, wir sollten unseren Aufpassern dankbar sein, denn ... Übrigens hat der Herold eines Tages mal gesagt: »Jeder Mitbürger soll seinen Mitbürger immer im Auge behalten. Da kann nichts passieren.« Und da habe ich Herrn Herold einen Brief geschrieben und habe ihm gesagt, er sollte doch vielleicht die Briefträger auswechseln, die Briefträger also nur vom BKA besetzen lassen, weil – die Briefträger kommen ja in alle Wohnungen –, und da hat er mir einen ganz bösen Brief zurückgeschickt. Und den brachte dann ein Briefträger; und der hat sich so verdächtig im Zimmer umgeschaut, und da habe ich ihn angeschrien: »Sie Schnüffelknüffel, Sie!« Das nehme ich jetzt wieder zurück; das hätte ich nicht machen sollen! Es war wirklich nur ein Briefträger!

Ich war ja auch ein mündiger Soldat in Uniform und weiß, wer lange genug nicht auffällt, wird früher oder später einmal Unteroffizier. Noch eins ist mir aufgegangen, und das muß man ja immer sehen: Der Bürger ist ja der eigentliche Anlaß für die Aktivitäten der Ausspähung. Das sollte der Bürger doch nie vergessen!«

Freimut Duve

Wer macht unsere Zukunft? Sind wir nur Marionetten?

Carl Friedrich von Weizsäcker hält einen Krieg in Mitteleuropa für möglich und fordert seit einigen Wochen, radikalerweise, Schutzmaßnahmen für die Bevölkerung. Er will seine ganze Kraft künftig dafür einsetzen, das dies geschieht. Der Bundeskanzler befürchtet ein Hineinschliddern in einen Weltkrieg, ähnlich der – widerlegten – These vom Hineinschliddern 1914. Die bundesdeutschen Wähler halten Franz Josef Strauß anscheinend nicht für geeignet, unsere Sicherheit in dieser Situation zu mehren und Schaden von uns abzuwenden. Das Nationale Olympische Komitee schließt sich der Bundesregierung an und läßt nicht nach Moskau fahren. Die innerdeutschen Gespräche, so vermute ich, gehen verstärkt weiter, und nächtlicher Olympiafrost ist rasch getaut, jedenfalls, was die DDR anbelangt. Die maßvolle, aber unvermeidliche Europäisierung unserer Sicherheitspolitik im Rahmen des Atlantischen Bündnisses ist ein politischer Balanceakt, der die ganze Beherrschung der Kunst des Möglichen erfordern sollte.

Tritt also die von Sachzwängen und Expertokratie zerbröselte Politik der letzten Jahre wieder in ihre Rechte und Pflichten ein, werden wieder Handlungsräume, die so oft lässig ›Spielräume‹ genannt werden, ausgekundet, abgetastet? Wird Politik wieder Gestaltung unserer Zukunft, gerade in einer besonders schwierigen Stunde, oder sind wir auch jetzt in diesen Monaten nur stumme Strampler – im Strampelsack fest eingeschnürt am Leib, aber unsere Füße vermitteln das schöne Gefühl der Bewegung? Wir lächeln wie die Babys in der Vorahnung künftigen Gebrauchs unserer Gehwerkzeuge?

Die Marionetten-Frage der heutigen Tagung ist pauschal gestellt, vielleicht als rhetorische Frage gemeint, d. h. jeder der Anwesenden beantwortet sie ohnehin mit »Ja«, wenn er sie auf einem Plakat sieht. Sie darf aber beileibe nicht pauschal beantwortet werden, denn wir wollen ja Politik, wir wollen Handlungsmöglichkeiten. Ich werde also versuchen müssen, diese Frage differenziert zu beantworten.

Ich möchte aber einige Vorbemerkungen machen: Die politische Gestaltungskraft ist, nach meiner Einschätzung, von zwei Seiten her in Gefahr – nicht nur von der Seite der Sachzwänge, der geschichtlichen Unbeweglichkeiten, der verwaltungsmäßigen Blockade unserer Phantasie, der erlebten Enttäuschung nach sehr problematischen Visionen, der Zweifel am Fortschritt. Es gibt auch die andere Seite, die uns den Boden unter den Füßen wegreißt: Wir haben reale Weltbedrohung; trotz Miniatombomben bedeutet Krieg Weltkrieg, bedeutet Weltkrieg

Untergang all dessen, mit dem wir uns identifizieren können, auch wenn Weizsäcker von begrenzten Kriegen und von Überleben redet.

Wir haben reale Weltbedrohung – die Rohstoffe gehen wirklich rasch zur Neige, wenn die Verschwendungsstruktur unserer Wirtschaft nicht umgeschaltet wird, wir haben wirkliche, endzeitliche Vergiftungsgefahren der Organismen durch die chemische Industrie, aber – und hier kommt die zweite Bedrohung für Politik –, Apokalypse ist ein schlechter Politikersatz. Weltuntergangsstimmung ist Stimmung, und Stimmung ist nicht Politik. Bei vielen Bürgern geht das Verständnis für Politik – also für den Kompromiß, für das Austarieren, für die radikale Ausschöpfung des Möglichen zugunsten des Notwendigen – verloren. Die apokalyptischen Ängste sind bestens geeignet, den großen Entpolitisierern Vorschub zu leisten, die gerne den Bürger ausschalten möchten aus seiner Mitwirkung. Das aber heißt: Wir alle müssen runter vom apokalyptischen Roß! Nur so können wir den Weltbedrohungen wirklich begegnen.

Die Wiedergewinnung von Politik muß also von zwei Seiten in Angriff genommen werden: Kampf gegen den Sachzwangstaat und Kampf gegen den Geist der Apokalypse. Dazwischen das menschliche Maß zu finden, heißt, Politik zu machen in demokratischer Kontrolle. Beide, der Sachzwinger und die endzeitliche Bedrohung, sind real, und beide bedrohen die demokratische Gesellschaft. Niemand ist leichter in den Sachzwinger zu sperren, als der von Weltuntergangsängsten total entpolitisierte Bürger. Insofern war Sysiphus ein politischer Demokrat.

Erwarten Sie deshalb von mir nicht nur eine Aufzählung aller Entwicklungen der jüngsten Zeit, die Anlaß zum Zorn, zur Besorgnis, zur Empörung geben. Auch das werde ich darstellen, aber wir müssen auch Perspektiven, Reformhoffnungen, nötige Visionen erkennen. Wir müssen auch wieder lernen, für gut zu erklären, was gut ist, wir müssen das kleine Zeichen, den kleinen Schritt feiern.

Lassen Sie mich deshalb, bevor ich zu Düsterem übergehen muß, von Erfreulichem sprechen. Erfreulich ist, daß ein Mann wie Franz Josef Strauß sich nunmehr tatsächlich als das entpuppt, was er stets war, ein Mann, der trotz aller Schminke eher zu einem skurrilen rechten Rand der Gesellschaft gehört – womit die Gefahr nicht beseitigt ist, im Gegenteil! Weder die Mehrheit der CDU, noch gar die Mehrheit der Wähler haben ihn je gewollt als Richtlinienbestimmer der Politik. Die Wahl des ehemaligen evangelischen Buchhändlers und Verlegers Johannes Rau zum Ministerpräsidenten in Nordrhein-Westfalen ist ein gutes Zeichen. Erfreulich ist, wie viele Bürgerinitiativen der Name Strauß wach- und ins Leben gerufen hat. Mehrere Hundert dieser Initiativen haben ihm souverän und ironisch seinen Flegelslogan »Freiheit statt Sozialismus« heimgezahlt. Erfreulich ist weiter, wie Hunderttausende in Norddeutschland die Staatsfunkabsichten von Albrecht und Stoltenberg durch Aktionen und Unterschriften bekämpfen.

Bürgerbewegung ist enstanden, Gewerkschaftsbewegung trägt diesen Kampf gegen die Systemveränderer von rechts mit.

Erfreulich ist die in den letzten Jahren zu beobachtende massenhafte Nutzung des Artikels 5 des Grundgesetzes *gegen* die großen Zeitungsverlage. Selten in der deutschen Geschichte hat es so viele tapfere kleine Bemühungen um eigene Stadtteilzeitungen, um Initiativblätter gegeben wie in den letzten fünf Jahren. Da tun Tausende von jungen Menschen das, wozu dieser Artikel 5 des Grundgesetzes sie auffordert: Sie nutzen die Presse- und Redefreiheit aus. Bei allem Skurrilen und Problematischen –, wir haben in der jungen Generation ein intaktes Bewußtsein dafür, wozu es den Artikel 5 des Grundgesetzes und wozu es moderne, billige Reproduktionsmöglichkeiten gibt.

Leider haben viele Politiker dieses intakte Verhältnis zum Artikel 5 des Grundgesetzes vermissen lassen. Die Tragikomödie mit dem Artikel 88a, der sich jetzt als unnötig erwiesen hat und wieder abgeschafft werden soll, ist dafür ein Zeichen. Ich spreche diese Flut selbständiger Publikationen deshalb an, weil sie so häufig durch die Massenmedien und durch rechte Politiker diskrididitiert werden. Es gibt natürlich bei einigen Flugblättern manchmal Scheußlichkeiten – bei Flugblättern von einer Auflage von 1000; aber es gibt seit Jahren Scheußlichkeiten der Bildzeitung mit einer alltäglichen Auflage von 4 Millionen! Ich möchte darauf hinweisen, daß die Schlagzeile der Bildzeitung täglich genausoviele Menschen erreicht, wie die Edition Suhrkamp in den letzten 17 Jahren Käufer gefunden hat. Täglich!– Weil man immer gesagt bekommt, wir hätten eine linke Überblendung des Bewußtseins.

Hinzu kommt, daß wir seit Lessing jenes Mißverständnis in der politischen Kultur Deutschlands haben, mit dem fast jeder in die Zwickmühle zwischen Bekenntniszwang und Identifizierung oder Distanzierung gepreßt werden kann. Lessing hat bereits klargestellt, daß ein Zitat nicht zur Denunziation des Zitierers mißbraucht werden darf, also auch nicht des Verlegers. Der Kampf der Zeitung »Welt« und der Union in Hamburg gegen Walter Jens ist ein besonders abstoßendes Beispiel aus den letzten Wochen.

Wer macht unsere Zukunft? Charles Lewinson, ein internationaler Gewerkschafter, hat vor einigen Jahren, vor 10 Jahren genau, ein Buch unter dem Titel »Die Inflation« vorgelegt, indem er strukturelle Gründe für Inflation angibt. Diese strukturellen Gründe benennt er damit, daß er sagt, die großen multinationalen Firmen – um die ist es ja wirklich still geworden in den letzen Jahren, wir reden ja kaum noch von ihnen, was nie ein Zeichen von Abwesenheit sein muß – brauchen ungeheure Kapitalien, um Zukunft, ihre technologische Zukunft, zu finanzieren; diese Kapitalien können sie nur bekommen, wenn sie relativ monopolhaft auf dem Markt auftreten und so in der Lage sind, ohne von Konkurrenz bedroht zu sein, diese Zukunftsinvestitionen im Produkt vorauszufinanzieren. Das heißt also: nicht, wie früher der Unternehmer, Zukunftsinvestitionen mit der Bank zu tätigen, sondern mit der eigenen Kapitalbildung über das Produkt. Wir können wohl davon ausgehen, daß bei fast allen technischen Produkten heute ein sehr hoher Prozentsatz dessen, was wir dort bezahlen, sogenannte Forschung und Entwicklung ist. Wir bezahlen also in den Produkten technologische Zukunft immer mit, und wir können das auch gar nicht verhindern; denn es gibt, z. B. im elektronischen Bereich, ein weltweites Kartell für Produktentwicklung der fünf bis sechs großen Elektromultis, die – jedenfalls, was diesen Mechanismus anbelangt – ganz präzise zusammenarbeiten. Das gleiche tun wir übrigens auch bei den Energieversorgungsmonopolen. Auch da bezahlen wir mit dem Preis, an dem wir selber ja nichts machen können, einen Großteil der technischen Zukunftsinvestitionen mit, die diese Unternehmen vorhaben. Wir sind als Bürger – auch als Arbeitnehmer – täglich dabei, künftige Industrien vorauszubezahlen, deren Struktur möglicherweise so geartet ist, daß wir morgen in ihnen nicht arbeiten können werden, weil sie nämlich keine arbeitsintensiven Herstellungsformen haben werden.

Ich habe seit einiger Zeit manchmal die Vorstellung, in einem Kino zu sitzen, in dem zwei Filme gleichzeitig laufen. Beide sind spannend, aber ich kann immer nur auf einen sehen, und dann ist mir bei dem anderen gerade Wichtiges entgangen. Welche zwei Filme meine ich?

In dem einen Film wird die große Konsequenz aus den ökonomischen, sozialen, seelischen, politischen Mängeln gezogen, die in den 70er Jahren bei uns zutage getreten sind: strukturell bedingte, permanente Arbeitslosigkeit, die Verschwendungsformen unserer Rohstoff- und Energienutzung, die verbreitete seelische Not Jugendlicher, die stärker sich artikulierenden Ängste Älterer usw. Sie kennen die meisten dieser Elemente unserer Sorge. In diesem ersten Film sind unzählige Bürger am Werk, sich dieser Probleme anzunehmen. Da enstehen Selbsthilfegruppen für jugendliche Arbeitslose, da rüstet sich eine Wohngemeinschaft für ein neues Energiekonzept, da wird in jeder deutschen Stadt Wärmekraftkopplung dezentral so eingerichtet, daß sich der Wirkungsgrad eingesetzter Energie verdoppelt, da entstehen ernste und heitere Stadtteilkulturzentren, die die zentrale Haupt- und Staatskultur ergänzen und den Bürger direkt ansprechen, da entkrampft sich das Verhältnis zwischen Bürger und Staat, da beteiligen sich Tausende von Menschen an Bebauungsplänen, da machen sich Laien über Sinn und Unsinn einer Baumaßnahme des Staates ebenso kundig wie die Verwaltung, da wird Verwaltung durchschaut. In diesem Film Nr. 1 ist eine breite Bürgerbewegung dabei, die Grundlagen für eine friedfertige, sanfte Republik zu bauen. Dieser Film ist ja nicht nur Erfindung, aber er spiegelt keineswegs die Realität ganz.

Zugleich sehe ich immer auf den anderen Film. Da wird »die Gegenwart gemeistert« und »die Zukunft gesichert«: Einige Geschäftsleute verhandeln in Saudi-Arabien; in New York oder woanders finden Konferenzen statt; Manager versuchen, Pakistan Kernkraftwerke zu verkaufen; auf großen internationalen Konferenzen werden Währungsfragen diskutiert; Generale denken über die Lenkwaffen der 90er Jahre nach und Postminister über den elektronischen Brief; Verkabelungs- und Verdrahtungsstrategen tagen über die vielfältige Anwendung von Hauscomputern, die mehr und mehr die Arbeit und die Rolle des lebendigen Menschen übernehmen können; vom Einkaufen bis zur psychosozial optimierten Familienunterhaltung wird da Lebenserleichterung und Lebensersatz geplant. Da, in diesem meinem zweiten Film, tagen Ärzte über hormonale und chirurgische Probleme der Zukunft, und in der nächsten Sequenz sitzen Biologen und diskutieren die Chancen und Risiken des klonierten, also des genau verdoppelten Geschöpfs – erst des Frosches, später des Menschen. Sorgenvoll ereifern sich Agrarfachleute, wie man die weltweite Monopolisierung der Weizen- und der Saatgutproduktion zur Fernfütterung der Dritten Welt nutzen könne.

Ich möchte hier darauf hinweisen, daß ein Prozeß weltweiter Monopolisierung fast unbekannt geblieben ist, der uns in den nächsten Jahren wohl am meisten beschäftigen wird: die Monopolisierung der wichtigsten Saatgüter in den Händen ganz weniger Firmen. Darin liegt auch eine teuflische Ironie der Geschichte: Keines dieser Saatgüter ist je aus dem europäischen, amerikanischen, japanischen Kulturkreis der Industrie entstanden! Es ist wirklich Kultur, Agrikultur, in den Zonen der Dritten Welt entwickelt über Jahrtausende – und heute als Monopol, als Saatgutmonopol Privateigentum ganz weniger Agrokonzerne. Die bittere Ironie an der Sache ist, daß diese Weltsaatgutmonopole – auch Hydrokultur und dergleichen – nur überlebensfähig sind, wenn sie immer wieder aus starken Saaten der Dritten Welt regeneriert werden, daß also immer wieder eine Einführung dieser gemeinschaftlichen, geschichtlichen Kulturleistung, der Agrikulturleistung, in diese teuflische Privatisierung und damit Monopolisierung geschieht. Und wenn der CIA davon spricht, man müsse »Weizen als Waffe« einsetzen, wie es vor einigen Jahren geschehen ist, wenn eine Studie dazu vorliegt, daß man das als künftige Waffe wird benutzen müssen, dann ist dies eine von großen übernationalen, privaten Firmen vorbereitete Aushungerung und nicht eine Fütterung der Dritten Welt!

Beide Filme sind Fiktion. Der eine ist Science Fiction, der andere Lebensfiktion. Beide stellen Themen dar, die zeigen, wie heute Zukunft gemacht und erdacht wird, und Ansätze aus beiden Filmen treffen die Wirklichkeit. Es sind Schwarz-Weiß-Filme, aber sie deuten auf zwei gegenläufige Tendenzen hin.

Zukunft im zweiten Film ist etwas, was die Planungsabteilungen übergroßer Konzerne ersinnen. Es gibt keine Planungsinstanzen mittelgroßer oder kleiner Konzerne mehr. Rixdorff ist sozusagen die letzte rühmliche Ausnahme, und Ihr badischer Freund Korff war es mal mit seiner Fähigkeit, in einem mittleren Rahmen, unterhalb der Stahlgiganten, etwas Eigenständiges zu entwickeln. Aber das sind sozusagen die letzen beiden, die unterhalb dieses Radarschirms der Giganten tätig gewesen sind. Und dies geschieht natürlich immer im Namen – und vor allem auf Rechung – der heute lebenden Bürger und Steuerzahler. In diesen Prozeß hinein baut sich dann z. B. das bundesdeutsche Postministerium und macht sich zum Science-Fiction-Produzenten: omniesierend, omnipotent, omnipräsent die Telefonvernetzung der Weltbevölkerung, ausgedehnt auf Bild- und Briefserviceleistungen, gekoppelt an Hauscomputer, Informationsbanken und Fernsehgeräte!

Der Science-Fiction-Spieltraum der Ingenieure ist das Geschenk – aber die Überwachungsalpträume von Orwell werden die Realität. Man denke an die Doppelnatur etwa des Telefons: Jeder kann mit jedem telefonieren, aber jedweder zentrale Einschalter kann jeden kontrollieren. Als vor 20 Jahren die Computer eingeführt werden sollten, stand die Frage der Überwachung noch gar nicht zur Debatte. Vielmehr erregten wir Jüngeren uns damals über die Aussicht, daß dem Menschen seine Einzigartigkeit, sein Denken, würde streitig gemacht werden können. Heute wird die datenmäßige Erfassung aller Bürger im Grundsatz kaum noch in Zweifel gezogen; nur noch die Notwendigkeit rechtlicher Schutzvorkehrungen wird umkämpft.

Mir, der ich diesen Science-Fiction-Film vor meinem Auge habe abflimmern lassen, stellt sich die Frage, ob wir nicht längst die Verfassungsfeindlichkeit von Informationstechnologien überprüfen sollten. Für einige bei uns heute ging die freiheitliche Demokratie bereits unter, wenn ein Briefträger Mitglied der DKP war. Ich möchte die Berufsverbotskomitees oder die Anti-Berufsverbotskomitees der elektronischen Industrie sehen, wenn mein Gedanke sozusagen von der Regierung oder vom Parlament aufgenommen würde. Dann würden Siemens und andere ganz gewaltige Schalmeien blasen, um zu sagen: Halt! Kein Berufsverbot für die Informationstechnologie der Zukunft!

Ich stelle an uns die Frage: Wird es den Menschen morgen noch geben, den unsere Verfassung voraussetzt? Den Menschen, der eine Würde hat, die unantastbar ist, der sich entfalten können soll nach eigenen Neigungen, dessen Privatsphäre keinen etwas angeht? Wie ist dieser Menschentyp überlebensfähig, bei all diesen verfassungsfremden, auf den Menschen und sein Kommunikationsverhalten ausgerichteten neuen Technologien?

In dem ersten Film erkannten Sie vielleicht viel von dem wieder, was in den letzten Jahren an neuem Bürgerbewußtsein entstanden ist: Kritische Skepsis gegen die Straßen- und Städtebauer, kritische Skepsis gegen die Bürokratie und ihre – häufig in die Sachzwangsjacke geschnürten – parlamentarischen Gremien. Im zweiten Film habe ich auf die ewigen Sieger hingewiesen, auf den, der immer »all do« ist, wenn der Hase Bürger sich, von Furche zu Furche jagend, zu Tode erschöpft. Sehen wir uns diese beiden Zukunftsfilme, den Film von der sanften Republik und den von der elektronischen Republik der Zukunft noch einmal unter den vier Gesichtspunkten an, die als Stichworte nachher für die vier Arbeitsgruppen gegeben sind:

»Bürgernähe der Entscheidenden, Entscheidungsnähe der Bürger.« Das Bild ist hier zwiespältig: Auf der einen Seite haben wir die Bürgerinitiativen aller Schattierungen. Sie haben die parlamentarische Demokratie, die parlamentarischen Gremien und Institutionen durch ein Element ergänzt, das für die Demokratie selbst überlebensnotwendig ist. Spontane, autonome Bürgerinitiative ist das Alter Ego der demokratischen, verfassungsmäßigen Organe. Ohne diese Bürgerbeteiligung drohte die Demokratie in eine Art Staatskirche zu skelettieren, in der alle vorgeschriebenen Rituale formal richtig laufen, in der der Rechtsstaat buchstabengetreu befolgt wird, in der den demokratischen Verfahren jedoch aller Lebenshauch ausgetrieben wird. Die Verbeamtung der Demokratie, die Behördlichkeit parlamentarischen Vorgehens bildeten zunehmend die Betonunterlage für den Sachzwangsstaat, dessen demokratische Legitimation, die sich aus der peinlichen Beachtung der demokratischen Verfahren und aus einer ritualisierten Feierlichkeit herleitet.

Das Auftreten der Bürgerinitiativen Anfang der 70er Jahre hat der Demokratie einen Teil des Politischen zurückgegeben, das ihr zu entgleiten drohte. Es ist ja genau umgekehrt: Wenn da plötzlich ein Bürgermeister sagt: »Ich kann gar nicht mehr handeln, ich werde blockiert von den Bürgerinitiativen,« dann muß doch immer gefragt werden: »Wer hat denn dieses Handeln, das da bei ihm in Frage gestellt wird, ausgelöst?« Wer war denn derjenige in seinem Bauausschuß, der unbedingt wollte, das das gemacht wird? Wer hatte die Zukunftsidee für dies oder jene Maßnahme? War das wirklich sein autonomes, politisch-demokratisch legitimiertes, von Demokraten erarbeitetes Zukunftsbild von seiner Gemeinde? Und oft haben eben Bürger festgestellt, daß es gar nicht so war. Sie haben festgestellt, daß diese Zukunftsentscheidung auch aus einem falschen Firmeninteresse kam – ich denke etwa an die Zerstörung von Stadkernen zugunsten von Multi-Konzernen, an die Zerstörung von Marktplätzen zugunsten von Horten. Das waren keine Entscheidungen, die irgendeinem wirklichen demokratischen Zukunftsmodell, entsprungen waren.

Es gibt auch Bürgerinitiativen, die feststellen mußten und festgestellt haben, daß das, was sie anzweifelten, so nicht stimmte, sondern daß hier wirkliche Diskussionen, z. B. in den parlamentarischen Gremien oder auch in den demokratischen Parteien, stattgefunden hatten. Und dann, wenn sich die Gremien ausweisen können, muß auch eine Bürgerinitiative erkennen, daß sie zurückstecken muß. Ich glaube, Handlungsspielraum gegenüber den wenigen Zukunftsmachern ist gewonnen worden. Es ist für die Exekutive schwerer geworden, das zu exekutieren, was wenige gewollt haben.

Und wenn man das als Verlust von Politik ausgibt, dann ist das ein falscher Begriff von Politik. Hier ist eine Bemerkung zum Begriff des Politischen notwendig, da es ja für alle Aspekte unserer Debatte notwendig scheint: Der Handlungsspielraum der Exekutive wird gesehen als die Fähigkeit, das für notwendig Erachtete parlamentarisch und in der Öffentlichkeit auch durchzusetzen. Wem das nicht gelingt, dem wird Führungsschwäche vorgeworfen. Das ist zwar in vielen Einzelfällen ein berechtigter Vorwurf, aber damit ist die viel grundsätzlichere Frage gar nicht gestellt: Wer bestimmt die Ziele? Wer befindet darüber, was durchgesetzt werden muß? Wer entwirft das Bild von der jeweiligen Zukunft, und wer weiß und sagt, was der jeweilige Regierungschef und Bürgermeister durchsetzen soll? Hier zeigt sich eine Schwäche der parlamentarischen Kontrollorgane. Sie können allenfalls nein sagen zu Dingen, die von außerparlamentarischen Kräften bereits in Gang gesetzt worden sind.

Wenn wir allerdings die Bilanz der letzten Jahre ziehen, so wird doch deutlich, wieviel an neuen Ideen und bürgernahen Einrichtungen nicht mehr von der Verwaltung, sondern von Bürgern selbst eingebracht worden ist. Ich erwähne hier nur die Stadtteilkulturzentren oder Kommunikationszentren, die in aller Regel von engagierten Bürgern ersonnen und angeregt wurden, oft in Eigenarbeit begonnen und entstanden. Hier entstand, durch die Bürger selbst, wieder normative Kraft des Faktischen, der sich dann die Stadtparlamente und die Verwaltung beugten. Es darf natürlich nicht verschwiegen werden, wie vielen solcher Initiativen bereits im Ansatz der Garaus gemacht worden ist, weil die Exekutiven – das Jugendamt, zuweilen auch die Polizei – voller Mißtrauen und Angst die Initiative unter Beobachtung stellten und sie oft gegen den Widerstand der Betroffenen schließen ließen.

Die Bilanz dieser Bürgerinitiativen, die sich selbst etwas neues schaffen wollten, ist zwiespältig. Es sind zu viele Kommunikationszentren, zu viele Stadtteilzentren, die auf den Weg gingen, in den letzten Jahren wieder abgeblockt, zerstört, zum Teil auch zusammengeknüppelt worden. Wir dürfen aber nicht verschweigen, wie umgekehrt dieses alles auch positiv das Denken und Handeln vieler Behörden verändert hat. Ich kann dies jedenfalls für die Stadt, aus der ich komme, sagen. Das Engagement hat, vor allem auch in den Großstädten, eine neue Wirklichkeit erzeugt. Bei den großen, den übergreifenden Entscheidungen gilt allerdings, daß die demokratisch engagierten Bürger allenfalls die Chance hatten, Kritik anzumelden, nachdem der »Sachzwang« schon etabliert war.

Hier ist die Frage berechtigt, ob denn je Vorsorge in der Demokratie von den Bürgern mitgestaltet worden ist. Sind die demokratischen Verfahren nicht sehr viel stärker eingerichtet für die Nachsorge, für das Auswetzen, für das Hinterherrennen? Im vergangenen Jahr hat Ulrich Klose, mein Hamburger Bürgermeister, auf den Hamburger Medientagen eine Rede gehalten, in der er sehr dramatisch deutlich machte, daß für ihn der Zug in die verkabelten elektronischen Paradiese noch nicht abgefahren sei – zumal die demokratischen Gremien und die Bürger selbst noch gar nicht mit der Frage konfrontiert worden seien, ob sie bereit sind, 60 Milliarden Mark – allein für die Verkabelung der Bundesrepublik – aufzubringen. Gleich, nachdem Klose geredet hatte, meldete sich ein Fachprofessor aus Stuttgart zu Wort, der seit Jahren auf diese Verkabelung in unzähligen Gutachten hingearbeitet hatte, und wies den demokratisch gewählten Senatspräsidenten in seine Schranken: Wie könne er so töricht sein, jetzt noch öffentlich gegen das Kabelfernsehen Stellung zu nehmen, wo doch alles schon gelaufen sei? Hier sprach der Mann in den Diensten der wirklichen Zukunftsmacher, einer, dessen beamtetes Leben ja voll und ganz aus dem Schoße der öffentlichen Gelder finanziert wird. Da sprach er sein Urteil über einen linken Wicht – er hat sich sehr drastisch ausgedrückt –, der sich auf nichts anderes berufen wollte als auf die Tatsache, daß ihn 53 % der Hamburger Bevölkerung gewählt haben, während der Professor immerhin von den Planungsabteilungen großer Firmen ausgewählt worden war, die Sache per Gutachten durchzusetzen.

Die Demokratie hat wenig eigene Gestaltungskapazität für Zukunft. Diese liegt eben bei anderen Planungszentren. Die Demokratie wird bei wichtigen, für Überleben wirksame Entscheidungen um so mehr ausgeklammert, je bedeutender und unverzichtbarer die zu verhandelnde Maßnahme zu sein scheint.

Zur Thematik der zweiten Arbeitsgruppe: »Politik und Macht. Moralische Kriterien der Politik.« Manche machen es sich heute zu leicht mit der Weberschen Unterscheidung zwischen Verantwortungsethik und Gesinnungsethik. Es werden, unter dem Pathos der Verantwortung, Entscheidungen getroffen, die gar nicht verantwortet werden können, angesichts deren Folgen das Gewissen, das sich einer macht, für die Katz' ist. Ein Nuklearunfall irgendwo auf der Welt ist verantwortungslos, nicht verantwortbar. Da ist kein Gericht, das irgendjemanden zur Rede und zur Beantwortung zwingen würde. Und das wäre im übrigen auch ganz wurscht. Die Gefahrenpotentiale, die unsichtbaren chemischen Gefährdungen – ich denke an die Vergiftung der Muttermilch – es ist fast überhaupt nicht wahrgenommen worden, daß es ein Gutachten gab – ich glaube, im Auftrag des Bundesumweltamtes – wonach in bestimmten Regionen eigentlich den Müttern geraten werden sollte, ihre Kinder nicht mehr an die Brust zu legen. Kein kreatürlicher Aufschrei dieser sonst so konservativen Gesellschaft, wenn das intimste Geschenk, das nun wirklich nichts mit Geldwirtschaft zu tun hat, das Nähren des eigenen Kindes, durch chemische Vergiftung in Frage gestellt ist! Keine Reaktion! Hier leichthin im Rahmen von Verantwortungsethik gegen Gesinnungsethiker ins Feld zu ziehen, ist – jedenfalls nach meiner Vorstellung – ein zynischer Mißbrauch der richtigen und wichtigen Weberschen Unterscheidung. Wir werden uns daran machen müssen, eine präzise Identifizierung von solchen Vorgängen vorzunehmen, die jenseits des Verantwortbaren liegen. Da gibt es auch kein Verursacherprinzip mehr, wonach der, der verursacht, bezahlen soll; da gibt es Endgültigkeiten, die benannt werden müssen. Sie dürfen gar nicht erst in die Welt gesetzt werden.

Ich denke z. B. an die Vermutung, daß ein bestimmter Stoff im

Spraygas den VanAllen-Gürtel zerstört. Dieser Gürtel ist vor etwa 60 Millionen Jahren um unsere Erde herum entstanden. Er schützt das Leben auf der Erde. Diese wissenschaftlich begründete Vermutung, die in unzähligen Forschungen, vor allem an der Universität von Kalifornien, erhärtet wurde, müßte Konsequenzen haben. Aber, da man nicht oben war, bleibt es sozusagen ein hypothetischer Nachweis; der aber müßte ausreichen, um die Herstellung und Vertreibung dieses Stoffes weltweit zu verbieten. Leichter werden aber in diesem Lande Schülerzeitungen verboten, als solche Stoffe. Der einzige Staat in der Welt, der ihn bisher verboten hat, ist der US-Staat Oregon.

Ich will zum Thema ›Politik und Macht‹ noch einen zweiten Aspekt aus der Fülle der uns bekannten Gesichtspunkte ansprechen. Es ist sozusagen ein Kernthema der Heinemann-Initiative: In jüngster Zeit ist mir in der Auseinandersetzung mit Jugendlichen, in Gesprächen und Referaten vor Jugendlichen ein mehrfaches Mißverständnis über das, was Macht ist und sein kann, begegnet. Einmal gibt es, gerade bei Umweltschützern, eine verständliche, aber geradezu feudalistische Form des Glaubens an die Allmacht der Politik und des handelnden Politikers: Wenn der dort oben, der Kanzler oder der Ministerpräsident, doch nur begreifen würde, dann ginge alles sofort. Ich habe folgenden Satz gehört: »Wenn Ihr Sozialdemokraten doch bloß nicht so an der Macht kleben würdet, dann könntet Ihr die großen Aufgaben viel mutiger anpacken.« In dem steckt ein großes Körnchen Wahrheit, denn es müßte mehr Mut aufgebracht werden, wenn man Macht hat, sonst ist sie sozusagen vertane und sinnlos genutzte Macht. Aber die Aufgabe der Macht – die ja in dem Satz, in der Aufforderung liegt: das Aufgeben der Macht – als Begründung der Forderung, sofort etwas zu tun beim Umschalten – dieses ist ein Mißverständnis; das geht nicht. Über dieses Mißverständnis werden wir wohl mit vielen Bürgern noch intensiver diskutieren müssen, weil wir es selber erzeugen. In dieser Vorstellung – von der Allmacht des Politikers und seinem unmoralischen Kleben an der Macht – steckt eine gewisse Unkenntnis dessen, was in der Demokratie geleistet werden kann, und gleichzeitig eine richtige Vermutung darüber, wie Politiker sich oft über ihren Auftrag hinwegsetzen.

Ich frage mich allerdings auch, ob es zu diesem Mißverständnis nicht durch handelnde Politiker selbst gekommen ist. Wird nicht häufig Allmacht suggeriert, wo sie gar nicht vorhanden ist? Verführen telegene Informationsformen nicht dazu, dem Bürger Macht und Machbarkeit vorzutäuschen, die es gar nicht gibt? Das aber heißt: Viel von dem, was wir uns vornehmen müssen, etwa bei der großen Aufgabe der Entgiftung der Industriegesellschaft, kann nicht nur über den Staat und über die vermutete Macht der Politiker, der Legislative, laufen. Es muß von den Bürgern selbst getragen werden, und viele Bürger versuchen ja auch, es selbst zu tragen. Dafür aber Freiräume zu garantieren, ist der Staat aufgerufen, und für dieses Garantieren der Freiräume ist die Macht einzusetzen. Die Macht ist nicht einzusetzen zur Verringerung der Freiräume von Bürgern, wenn sie etwas tun. Es ist genau umgekehrt.

Und noch eine dritte Bemerkung: Die Einübung in das Politische bedeutet auch, das verzwickte Wesen des Kompromisses klarer darzustellen. Wer in Sachfragen einen faulen Kompromiß eingeht, weil er damit die Mehrheit für einen Politiker schützt, der im Grundsätzlichen seine Richtung vertritt, hat es schwer mit Begründungen, hat es schwer mit seiner Glaubwürdigkeit. Wer die transatlantischen Drucksysteme nicht darstellen kann oder will, deretwegen er dem Olympiaboykott, den er für Unsinn hält, zustimmt, hat es jedenfalls schwer, begriffen zu werden.

Zum dritten Thema: Bestimmt die Politik das Wachstum oder das Wachstum die Politik? In diesem Abschnitt will ich mich kurz fassen. Erhard Eppler wird diese Arbeitsgruppe leiten. Er hat das Wichtigste zu diesem Thema als handelnder Politiker in den letzten Jahren gesagt und geschrieben. Es gibt in ganz Westeuropa keine einzige Partei, in der ein so ranghoher Politiker, ein Mitglied des Präsidiums, diese Zwicklage aller modernen Wirtschaftspolitik so präzise und deutlich formuliert hat. Wenn wir heute in der Bundesrepublik eine ernstzunehmende politische Wachstumskritik und Wachstumsdebatte haben, die in ihrer Qualität in keinem anderen europäischen Staat – mit Ausnahme Hollands – als politische Debatte erreicht wird – nicht als theoretische, da gibt es sehr gute Dinge, aber als politische Debatte – dann haben wir das Erhard Eppler zu verdanken. Dies vielleicht an die Adresse all jener, die leichtfertig glauben, eine Industriegesellschaft lasse sich vom grünen Fünfprozentrand kurzerhand ohne Krisen und Machtkämpfe ummodeln – und auch an die Adresse all jener, die etwa glauben, nach den Landtagswahlen zur industrie- und wachstumspolitischen Tagesordnung übergehen zu können. Ich jedenfalls werde mich bemühen, daß dieses nicht geschieht.

Wer heute Krisen meistert, wird dieses ungestraft nur tun, wenn er nicht gleichzeitig die Ursache für künftige Krisen verschärft.

Die Bundesrepublik Deutschland hat in einer Reihe wichtiger strukturpolitischer Fragen zwar stets noch den Aufschwung gewählt und geschafft, sie hat aber, im Sinne des Films Nr. 1, schon seit 1973 versäumt, die Lehren aus den Zeichen an der Wand zu ziehen. Handlungsspielraum für Politik herstellen, heißt doch auch, daß wir endlich aus der steinzeitlichen Verschwendung von Energie herauskommen und den Wirkungsgrad der eingesetzten Energie so verbessern, wie dies physikalisch und technisch möglich ist. Die Kontrolle der Energiemonopole durch die Politik findet nicht statt. Stattfindet oft das umgekehrte. Das hat zu der abstrusen Situation geführt, daß wir im Westen eher vom Einfliegen von Luftlandetruppen in ein arabisches Land sprechen, als etwa davon, das Leitungsnetz der EVU's (Energieversorgungsunternehmen) zu verstaatlichen. Die Souveränität der Versorgungsunternehmen ist manchem unserer Politiker heiliger als die Souveränität fremder Staaten.

Wenn wir unseren Ölimport halbieren, dann halbieren wir auch die Kriegsgefahr im Nahen Osten. Hier können rasche Schritte helfen. Das Atom kann in den nächsten 10 Jahren das Öl nicht ersetzen. Die Hoffnung auf das Atom wird die Industrie und die Bürger nur zu dem Glauben verführen, sie könnten das nötige Einsparen durch Atomstrom ersetzen. Wer vor zehn Jahren Wachstumsindustrien definierte, wußte genau, was er darunter zu verstehen hatte. Das war abgelesen aus der Wirtschaftsstruktur der USA und wurde wissenschaftlich sozusagen »vorbewiesen« durch wissenschaftliche Institute wie Herman Kahns »Hudson Institute« – und die hatten ihre Zahlen immer wieder aus den Planungszentralen multinationaler Konzerne. Die Definition der Wachstumsindustrie hat diese sich selbst gegeben und diese Definition, über Wissenschaft und Staat, sozusagen weltweit verteilt.

Zur Definition von Wachstumsindustrie Anfang der 80er Jahre jedenfalls gehörte die handwerkliche Isolierung von Gebäuden. Dieser Bedarf war aber seit 1973 vorauszusehen. Da gab es gewaltige Möglichkeiten, politische Vorgaben zu machen – im Ausbildungswesen, im Berufsschulwesen, bei der Förderung von Handwerkern und kleineren Betrieben. Heute fehlen Tausende von unabhängigen, EVU-kritischen Energiefachleuten und -beratern. Sie fehlen einfach! Wir haben eine Inflation der Preise in diesem Sektor, weil eben Zukunft nicht vorausgedacht und -gestaltet wurde, und weil man die Definition von Zukunftsindustrie nicht selber vornahm, sondern übernahm, was das »Hudson-Institute« unter Zukunftsindustrie verstand. Wir haben diesen Engpaß, wir haben in diesem Bereich der Energieberatung hundertfache Scharlatanerie, weil es eben zu einer Zeit, als es noch entwickelt hätte werden können, gar nicht als Beruf entwickelt worden ist. Energieberatung jedenfalls war keine Dienstleistung, die unter Wachstumserwartungen gesehen wurde. Statt dessen haben wir heute schon eine ganze Fülle von Arbeitslosen in der damals als die eigentliche Wachstumsindustrie ausgegebenen Industrie, nämlich in der Computerindustrie. Die sind als junge Leute in die falsche Wachstumsindustrie geschickt worden. Wachstumsexperten aller Couleurs haben den Staat und die Gesellschaft, gerade bei der Infrastrukturhilfe für Industrieansiedlungen und Verkehrsmaßnahmen, auf die falsche Spur gelockt. Und der Staat hat sich auch locken lassen.

Woran liegt das, und welche Folgen hat dies gehabt? Da will ich ein kleines Gedankenspiel versuchen: Wenn der demokratisch kontrollierte Staat sich zu Rüstungsmaßnahmen, zu Verteidigungsausgaben entschließt, schaltet er die wichtigsten Elemente der westlichen, auf Wettbewerb beruhenden, freiheitlichen Demokratie aus. Jedenfalls mindert er sie ganz ungeheuer. Wie geht das vor sich?

Erstens, es wird weitgehend – jedenfalls, was die Details anbelangt, die ja immer das Eigentliche sind – das Parlament ausgeschaltet. Es bekommt eine ganze Reihe von Informationen über eine solche militärische Maßnahme nicht, oder nur einige Ausschußmitglieder bekommen diese Informationen unter Schweigepflicht.

Zweitens, der Wettbewerb wird ausgeschaltet. Es gibt für bestimmte Entscheidungen im militärischen Bereich keinen Marktwettbewerb. Der Marktmechanismus wird reduziert – übrigens völlig ohne jeglichen Aufschrei derjenigen, die sonst immer für den Markt kämpfen.

Drittens, die Informationsfreiheit, die Freiheit dabeizusein, sich zu informieren, ist weitgehend eingeschränkt. Der Artikel 5 des Grundgesetzes hört bei Rüstungsbetrieben und all dem, was dazugehört, einfach auf, wegen der Spionagegefahr. Auch das ist also ausgeschaltet.

Viertens, die Vorstellung der Bürger, daß es eine Wissenschaft gibt, die immer in Alternativen denkt, wo es zwei, drei, vier, fünf Möglichkeiten gibt, und daß man per wissenschaftlichem Gutachten dann zum Optimalen kommt, daß die Wissenschaftler sozusagen unabhängig etwas tun, diese Vorstellung ist in der Realität auch weitgehend reduziert. Das haben ja übrigens die Bürgerinitiativen erkundet, als sie in ihrem Bereich, im Energiebereich, Wissenschaft auf ihre Tauglichkeit prüften. Zur freien Demokratie gehört die Vorstellung vom unabhängig arbeitenden Naturwissenschaftler oder Techniker in der Technischen Universität, der zu etwas anderem als dem bisher üblichen kommt. Das sind die landläufigen Vorstellungen.

Wenn ich diese vier Elemente zusammennehme, die stark reduziert sind bei allem Militärischen und bei allem Polizeilichen, dann komme ich, fünftens, zu dem Schluß, daß es für diesen Bereich im Grundsatz keine Alternative meht gibt. Das ist sozusagen das totale andere, das Entgegengesetzte zu dem, wovon der Schüler der Demokratie in der neunten oder zehnten Schulklasse ausgeht: daß es auch das genaue Gegensätzliche geben kann zu dem, was dort gesagt wird, daß es diese grundsätzliche Alternative nicht gibt.

Und nun möchte ich Sie bitten, diese vier Elemente und den fünften als Schlußfolgerung auf Zukunftsinvestitionen im investiven Bereich Energie, Ansiedlung großer Unternehmen, Chemieunternehmen, Hafenerweiterungspläne, Ansiedlung von Zukunftsindustrien etc, zu übertragen. Sie werden sehen, daß in allen vier Bereichen genau das gleiche stattgefunden hat: Kaum Kontrolle durch die Parlamente – Kernenergie ist nie unter Mitwirkung von Parlamenten entwickelt worden,– Minderung des Wettbewerbs, fast kein wirklicher Wettbewerb mehr – der einzige Wettbewerb, der bei der Ansiedlung von Großindustrien noch stattfindet, ist der Wettbewerb der Gemeinden, wie sie mit ihrer Steuerzahlungskraft fertigwerden,– kaum Zugang der Journalisten, der Medien, und – wie wir dann immer wieder sehen – keine wirkliche, wissenschaftliche – alternative Fragestellung.

Hier haben wir also, was Wachstum und Zukunftsentscheidungen anbelangt, eine starke, gefährliche Reduktion dessen, was wir für unabdingbar in der Demokratie halten. Die Gewerkschaften sind am stärksten von solchen Fehlentwicklungen in den letzten Jahren betroffen. Ich begrüße, daß die IG Metall in den letzten Jahren anfing, dies zu merken und daß sie eine sehr interessant arbeitende, technologische Innovations- und Beratungsstelle in Hamburg eingerichtet hat – leider bisher erst in Hamburg – von der her sie nun selber versucht, »Zukunftskapazität«, auch für die Betriebsräte usw., zu entwickeln, selber zu sagen, wohin wir marschieren wollen, also Wachstumsimpulse, auch gegen die Forschungsabteilungen der Firmen, zu erkunden.

Die vierte Arbeitsgruppe beschäftigt sich mit »Rüstungswettlauf – ein Naturgesetz?« Hier liegen zwei Papiere vor. Ich möchte einen Blick nach Asien tun: Der Völker- und Kulturmord in Kambodscha, begangen in Jahren, in denen wir bei uns Anmeldungsfristen für die Bundesgartenschau im Städtewettbewerb diskutierten, mag als Einleitung dazu dienen. Ich möchte einfach vier Thesen sagen:

1. Es gibt keine Weltordnung der Großmächte, die – unterhalb des ganz großen nuklearen Kriegs – eine Regelungsfunktion hat, mit der das, was wir unter Holocaust oder auschwitzähnlichen Vorgängen kennen, vermieden werden kann. Auch volksvernichtender Krieg würde nicht vermieden mit diesem Schutz der großen Abschreckung. Drei Weltmächte haben uns die Reste des Volkes von Kambodscha verantwortlich vor die Füße geworfen, und für diese Überlebenden liegt kein Trost darin, daß die schändliche Vernichtung ihres Volkes eben nicht zum großen Krieg geführt hat. An der Tragödie in Kambodscha sind alle drei Weltmächte beteiligt.

2. Der moralische Protest, der immerhin zum amerikanischen Rückzug aus Vietnam geführt hat, zerbröselt, wenn er sich zynische Loyalitäten zu einzelnen der drei Weltmächte erlaubt. Wenn die Maoisten uns weismachen wollten, das Regime in Kambodscha sei fortschrittlich gewesen, oder wenn Sowjetianer uns weismachen wollten, die Vertreibung der Flüchtlinge auf die asiatischen Meere sei selbstverschuldet, oder die Afghanen, die zur Waffe gegen die Sowjets greifen, seien heruntergekommene Feudalherren, oder wenn Strauß und Kissinger uns hatten weismachen wollen, die physische Liquidierung der Linken in Chile sei wichtig für die Verteidigung der westlichen Freiheit, dann ist zu antworten: In dieser Frage der stattfindenden Holocausts in der Dritten Welt gibt es für den politischen und moralischen Standort keine Einbindung in eine der drei – zweieinhalb sagen einige –, für Zustände in anderen Ländern mit Verantwortung tragenden Weltmächte.

3. Wenn Holocaust möglich war und morgen in Afghanistan oder Israel Palästina möglich sein kann, müssen wir jedenfalls den moralischen Teil der auf dem Gleichgewicht des Schreckens beruhenden Sicherheitsphilosophie viel radikaler in Frage stellen, als wir es bisher ge-

tan haben. Der Weltfrieden der letzten dreißig Jahre, von dem wir so viel träumen und reden, war die eherne Sicherheitsmaske, hinter der sich die Auschwitzwirklichkeit der Gegenwart stets nur sehr mühselig versteckt hielt.

4. Der kambodschanische Holocaust enthält ein für unser Thema sehr wichtiges Greuel: Der Völkermord erfolgte unter chinesischer Duldung, im Namen radikaler ideologischer Positionen, so weit wir das wissen – Loslösung von Welthandel, Auslöschung der Geschichte. Es ist das perverseste Autarkiemodell der jüngeren Geschichte.

5. Psychisch und seelisch hatten uns die Nachrichten aus Kambodscha, als das alles passierte, was wir heute auf spurensichernden Fotos sehen, wenig verstört. Auf eine dramatische Art ist Kambodscha den Europäern nicht an die Nieren gegangen – aber an die Nieren gegangen ist uns die erst langsam dämmernde Erkenntnis, daß das Prinzip der großen Abschreckung waffentechnologisch schon lange nicht mehr gilt. Aber dies wird jetzt erst sozusagen »öffentlich«: daß begrenzte atomare Kriege möglich sind und daß wir gerade dadurch in eine neue Rüstungsspirale geraten sind.

Hier wird sich die Frage unseres Handlungsspielraumes am härtesten stellen. Die SS-20-Raketen der Sowjets sind nicht aus Pappe, und noch tun wir so, als sei der Nachrüstungsbeschluß der Nato aus Papier. Ich habe diesen Beschluß auf dem SPD-Parteitag in Berlin bekämpft, er ist beschlossen, und in der neuen Lage wäre zu begrüßen, wenn Helmut Schmidt mehr und mehr den Doppelcharakter dieses Beschlusses herausstellte – d. h. wenn er die Sowjets bäte, doch das Angebot auf den neuen, wichtigen Rüstungskontrollschritt anzunehmen, darauf einzugehen, ihn ernstzunehmen. Aber es sind und bleiben die Raketen der Amerikaner, und das Angebot des Bundeskanzlers ist sehr ernst gemeint. Wir alle wissen – und er weiß es auch –, daß er selber an der angebotenen, aufschiebenden Wirkung nicht sehr viel machen kann. Trotzdem, er hat deutlicher als andere westliche Politiker die Sowjets geradezu beschworen, dieses Angebot ernst zu nehmen. Da könnte sich Handlungsspielraum zeigen, den er sich auch durch die Opposition oder durch Ängstliche in den eigenen Reihen nicht wieder einengen lassen sollte. Falls hier Ergebnisse kommen, wäre es jedenfalls wichtiger als die Frage der Teilnahme deutscher Sportler in Moskau.

Die Amerikaner müssen Salt ratifizieren. Dies ist eine Forderung, die wir Europäer mit lauter Stimme erheben müssen. Nur diese Ratifizierung eröffnet die Chancen auf wirksame Kontrollgespräche.

Nie war Friedens- und Entspannungspolitik wichtiger als heute, nie war sie aber auch schwieriger. Ein Buch von Peter Bender zur Ostpolitik Willi Brandts hieß: »Die Kunst des Selbstverständlichen«. Die Ostpolitik Helmut Schmidts muß sich in der Kunst des schon gar nicht mehr Selbstverständlichen bewähren.

Lassen sie mich zum Schluß zu meinen zwei Funktionsfilmen zurückkommen: Wir dürfen nicht nur Krisen bewältigen, sondern wir müssen Zukunftsgrundlagen legen, mit denen sich Bürger identifizieren. Wir hatten mal einen Satz, der an allen Litfaßsäulen der Bundesrepublik stand und der auf das heutige Thema paßt: »Wer morgen sicher leben will, muß heute für Reformen kämpfen.« Ein gewaltiger Satz. Mit diesem Slogan leitete Willi Brandt sein Reformjahrzehnt ein. Wir hatten viele Reformen, wir hatten gebremste Reformen, und wir hatten die Kritik an den Reformen, von rechts und von links.

Nur: heute spricht überhaupt niemand mehr von Reformen. Bürger und Politiker haben Angst vor diesem Begriff; die Angst davor, daß diese Reformen dazu benutzt werden, neue Sachzwänge aufzubauen und durchzusetzen, ist größer als die Bereitschaft, konkret anzugeben, wie wir alle unsere Hoffnungen auf eine menschlichere Gesellschaft, auf einen menschlicheren Staat, auf eine sanfte Republik durchsetzen wollen und können. Wie kommen wir von hier nach dort, wie erreichen wir, ganz konkret, in Machtauseinandersetzungen, was in diesem sanften Film zu sehen ist?

Wir müssen wieder Reformen wollen, wir müssen die Angst vor konkreten Schritten – die immer nur klein sein können, die immer nur im Machtstreit erfolgen können, die nie den großen Sprung bedeuten – wir müssen diese Berührungsangst vor dem Machbaren überwinden. Ohne Reformen, die beim Gesetzgeber, in der Verwaltung, die gegen die großen Machtblöcke und die Interessenten des Sachzwangsstaats durchgesetzt werden müssen, wird es die Chancen für Alternativen in wenigen Jahren überhaupt nicht mehr geben.

Warum solche Bedenken gegen den Begriff »Reform«? Reformen wurden stets begriffen als Reformen, die über den Staat liefen, als Reformen, mit denen sich jeweils eine neue Interessentenschicht, sozusagen die Funktionäre der Reformen, neue Berufschancen schafften. Das ist natürlich leicht zu verteufeln. Mit dieser Verteufelung – und es ist ja auch ein Körnchen Wahrheit dran – wird aber auch der soziale Wille, das menschliche Engagement der Reformer mit verteufelt. Beispiel: Sozialpädagogik, Gesamtschule. Beispiel: der Druck auf die kleine Klasse. Da wurde immer nur gesagt: Ihr wollt ja nur weniger Arbeit. In all diesen Bereichen haben die unmittelbar dort Tätigen auch für ihre Interessen gearbeitet, zugleich haben sie aber auch Impulse in die Gesellschaft vermittelt, mit denen diese Zeile von anderen hätten aufgenommen werden können.

Das Problem solcher, über den Stab praktizierter Reformen darf und soll nicht verbannt werden: Sobald der Reformwille erlahmt und das Erreichte bereits als der wunderbare Endzustand gepriesen wird, verwandeln sich die Reformer in Interessenvertreter. Es ist dringend an der Zeit, daß sich aus der Gesamtschule z. B. eine Eltern- und Lehrerbewegung bildet, die die eigenen Fehlentwicklungen deutlich macht und die keine Angst vor dem Beifall von der falschen Seite hat. Das starre Kämpfen um den Begriff »gegen die Gegner von rechts«, die das ganze Konzept verteufeln, gefährdet die Gesamtschulreform. Wir wollen aber nicht zurück zum Dreiklassenschulsystem, wir wollen vorwärts zu einer menschlichen, entbürokratisierten Gesamtschule, in der z. B. weder Lehrer noch Schüler Nummern im kleinen Computer des Direktors sind, wie in den hessischen großen Schulen; aber wir müssen dann auch bereit sein, innerhalb einer solchen Schule ihre eigene Weiterreform zu diskutieren und diese Diskussion nicht zu blokkieren.

Ich möchte noch in wenigen Punkten sagen, wo ich Reformansätze vermute.

1. Wir müssen von der Fremdbestimmung des Reformbegriffes zur Mit- und Selbstbestimmung gelangen, wir müssen die Mitbestimmung der Beschäftigten, die Selbstbestimmung und Selbstverwaltung in den großen Wohnblocks z. B., als Gegenmacht gegen große Zentralverwaltungen erkämpfen, und dies muß vom Gesetzgeber angegangen werden. Ich denke etwa daran, daß es den gemeinnützigen Wohnungsbaugesellschaften wie etwa »Neue Heimat« künftig nicht unbedingt gestattet werden soll, gleichzeitig die großen Vermieter zu sein, hier sollte ein Selbstverwaltungsmodell derjenigen Menschen, für die diese neue Heimat gebaut worden ist, entstehen. Es sollten also diese großen Ersteller von Wohnungen langsam dieses Eigentum an genossenschaftliche Formen abgeben. Wenn dies die Neue Heimat nicht macht, wer sonst macht es dann?

2. Die Freiräume für alle diejenigen, die Reformexperimente selbständig betreiben, müssen erweitert werden. Wer z. B. einen biologischen Hof betreibt, darf nicht verteufelt, sondern muß gefördert werden. Wir werden das in Hamburg jetzt tun, obwohl wir wenig Agrarfläche haben; aber wir wollen biologische Höfe speziell fördern. Es ist übrigens nicht einzusehen, daß wir einige Milliarden nach Brüssel zahlen und diese neue Debatte um eine entgiftete Landwirtschaft sozusagen überhaupt nicht verknüpfen mit jenen Milliarden, die in den Brüsseler Topf gezahlt werden. Als hätten die beiden Dinge überhaupt nichts miteinander zu tun!

3. Wir haben hervorragende Einrichtungen im Behindertenbereich. Wahrscheinlich ist es einer der wesentlichen Erfolge des letzten Jahrzehnts, daß die Behinderten sehr viele Einrichtungen bekommen haben und daß für sie sehr viel getan wird, wie es in der Bilanzsprache der Politik heißt. Aber wir brauchen die Förderung von Eingliederungskonzepten Behinderter in die Gesellschaft. Einige der Mammut-Sondereinrichtungen haben sich als Fehlentwicklung erwiesen, und da muß man auch bereit sein, das zu sagen. Nutzen wir auch hier staatliche Gelder für nichtstaatliche Maßnahmen.

4. Mit unseren ausländischen Gastarbeiterfamilien ensteht eine neue, kulturell veränderte deutsche Gesellschaft. Nehmen wir diese Herausforderung an, kümmern wir uns endlich um die Forderung »kommunales Wahlrecht«, nehmen wir diese Aufgabe als Bereiche-

rung und nicht als Bedrohung! Die deutsche Gesellschaft verändert sich mit diesen Menschen, und da gibt es bereits sehr viele Probleme und Ängste. Wir müssen diese Ängste auch abbauen.

5. Ich habe vom Gegenmodell einer dezentralen Energieversorgung gesprochen. Das bedeutet: Kontrolle der EVUs.

6. Die Entgiftung der Produktion und der Produkte: Auch hier könnte der Gesetzgeber Frei- und Endscheidungsräume schaffen, die es Arbeitern und Angestellten erlauben, selbst mitzubestimmen, was produziert wird, und die vor allem die Verbraucher instandsetzen, kritischer als bisher Vergiftetes von Gesundem zu unterscheinden.

7. Die Abkoppelung des Kultur- und Informationssektors von sogenannten technischen Entwicklungen, wie ich sie eingangs beschrieben hatte: Journalisten und Verbraucher sollten mitentscheiden, ob man 60 Milliarden ausgeben soll für die Verkabelung der BRD.

8. Die Neuordnung der staatlichen »Gestaltungs-Finanzen«: Ein Autobahnstück sollte nicht schon allein deshalb gebaut werden müssen, weil Bundesmittel der betreffenden Region sonst verloren gehen.

Allen hier aufgeführten und weiterdenkbaren Reformansätzen ist eines gemeinsam: der schmale Grat, auf dem sich künftige Reformen zwischen mehr Staat und mehr Selbstbestimmung bewegen müssen. Mehr Staat wird gebraucht, um große Machtzusammenballungen zu kontrollieren; das geht nicht über Selbstbestimmung. Weniger Staat wird gebraucht, damit sich die Hoffnung auf Selbstverwaltung und Selbstbestimmung auch wirklich entfalten kann. Hier liegt übrigens der entscheidende Unterschied unseres Selbstbestimmungsansatzes gegenüber der Bürokratiepolemik der Konservativen: Dort soll der Staat abgebaut werden bei Sozialleistungen, aber verstärkt werden bei der Polizei. Und die Freiheit der Bildzeitung, zynisch mit Bürgern umzugehen und das Boulevardmonopol privat zu mißbrauchen, wird nicht mal diskutiert bei diesem Biedenkopf-Modell der Entstaatlichung.

Wir brauchen Reformschritte; das aber heißt: wir brauchen die Wiedergewinnung des Politischen.

Ich weiß, daß meine Vorstellung eines radikalen Humanismus, sich an neuen Reformen, an neuen Reformern orientiert – wie Erhard Eppler, wie Erich Fromm; daß sie aber auch tief beeindruckt ist von dem hoffnungsskeptischen Essay von Hans Jonas, von dem einiges hier eingeflossen ist. Ich weiß, daß wir neuen, alten radikalen Humanisten nirgends über Mehrheiten verfügen.

Aber die nüchterne, demokratische Leidenschaft Heinemanns wird uns in den schwierigen 80er Jahren begleiten, ein geistiges und politisches Pfund, mit dem wir wuchern werden.

Der französische Schriftsteller Regis Debrais hat im vergangenen Jahr geschrieben: »Die Wahrheit ist ein Luxus, den sich die reichen Gesellschaften immer weniger leisten können.« Eine Republik, die sich Heinemann geleistet hat, sollte auf den Luxus der Wahrheit nicht verzichten.

Arbeitsgruppe I: Bürgernähe der Entscheidenden – Entscheidungsnähe der Bürger (1)

Die Forderung nach mehr Bürgernähe der Verwaltungen mündet oft in gutgemeinte Vorschläge, die Beteiligungsverfahren durchsichtiger zu machen, also primär formale Reparaturen (Änderungen) vorzunehmen. Zahllose Verfahrensverbesserungen haben in den letzten Jahren die öffentliche Verwaltung in diesem Sinne bürgernäher gemacht. Der Eindruck verstärkte sich jedoch vielerorts, es gehe bei diesen formalen Reformen letztlich doch nur um effektivere Durchsetzungsstrategien für bereits feststehende politische Inhalte.

Solch gouvernementales Mißverständnis verkennt – scheint uns – aber gründlich die eigentliche Zielrichtung der wachsenden Bürokratiekritik und Parteienverachtung. In dieser Kritik meldet sich ja nicht nur der Protest gegen dieses oder jenes reparaturfähige Detail im gesellschaftlichen Ganzen, sondern darin doch auch eine tiefgehende Infragestellung der profit- und besitzindividualistischen Lebensformen und Politikziele insgesamt. Viele Initiativen zielen jedenfalls auf

– die »faktische Überrepresentation ökonomischer Partikularinteressen« (Peter Mayer-Tasch) im kommunalen Bereich (nach: Publik-Forum. 14. Dez. 79, S. 9).

Viele Bürger sehen, daß

– »die nachträgliche staatliche Reparatur von Mängeln, die der Markt produziert, zu immer weiteren negativen Folgen führt, die wiederum mit dem gleichen unzulänglichen Lösungsmuster kompensiert werden, wofür – und das ist entscheidend – der Staat die Verantwortung trägt und der Steuerzahler das Geld gibt« (Wilfried Nelles, in: Vorwärts, 8. Nov. 1979, S. 17).

Positiver formuliert, läßt sich das wachsende Drängen nach umfassender Beteiligung an den öffentlichen Entscheidungsprozessen folgendermaßen beschreiben: Was heute in Westeuropa, in unserer Republik, in der plebiszitären Praxis vieler Bürgerinitiativen begegnet, ist nichts geringeres als ein öffentlicher Streit über Leben und Tod dieser Gesellschaft. Zunächst in Gestalt der »gefährlichste(n) und leidenschaftlichste(n) Energiediskussion, die es je in Deutschland gegeben hat« (Erhard Eppler), aber nicht minder auch in den Initiativen vieler Bürger gegen das »Niederreißen von Häusern und ihre Ersetzung durch entsetzliche Betonblöcke« (Ernst Bloch).

I. Bürgerbeteiligung – friedenspolitisch gesehen

1. Der von Ernst Bloch beklagte »Tod des Ornaments, der Tod der Gemütlichkeit, die neue Häßlichkeit unserer Städte«, der Technizismus von Planungen, der Autoschneisen dreispurig durch die Altstadt schlagen kann, aber unfähig ist, lustige Spielplätze für Kinder zu bauen – von für Spielräumen für uns Erwachsene ganz zu schweigen –, das ist in der Tat eine gänzlich neue, vielleicht paradoxe Form von kommunalem Unfrieden, von nicht-gewollter öffentlicher Zerstörungsgewalt. Denn diese öffentliche Destruktionsgewalt läßt sich nicht mehr schlicht fassen als persönliche Machenschaft raffgieriger Herrschaftscliquen, wie dies ein naiver Antikapitalismus sich einredet. Die Zerstörung alter Stadt-Quartiere mit hoher Wohn- und Lebensqualität versteht sich ja, bester Absichten voll, im Dienste von technischem Fortschritt und sogenanntem Wachstum, und dessen Mythos ist es, der als anonymer Unfriedensbringer allenthalben durchschlägt.
2. Die Selbsthilfe-Initiativen der von Flächensanierung, Wohnungsvertreibung wie von destruktiver Industrialisierung bedrohten Bürger decken Herde öffentlichen Unfriedens in ihrem unmittelbaren Umfeld auf. Dies ist die kritisch-negatorische Frontstellung der neuen Bürgerbewegungen in den westlichen Industriegesellschaften.
3. Die neuen Umweltinitiativen haben jedoch nicht nur den Richtungssinn des technologischen »Fortschritts« grundsätzlich in Frage gestellt, sondern – ein entscheidender Schritt über die kritische Antiposition hinaus – sie entwickeln in kleinen Schritten auch positiv menschenfreundlichere Lebensformen in unserem Alltag. Was im Gefolge der Energiekrise eingebüßt wird, erscheint deshalb vielen an solchen Initiativen Beteiligten nicht mehr nur als von außen erzwungener Verlust, sondern auch als befreiende Entlastung von Überforderungssituationen. Im Umgangsstil untereinander und in ihrer Zielsetzung demonstrieren die hier Engagierten die Möglichkeit einer produktiven Antwort auf die alarmierenden Meldungen vom Schwinden der irdischen Reichtümer. Und dies, scheint uns, ist das unerwartet Neue in der Bürgerbewegung gegen industrielle Gewalt.
4. Viele solcher Bürgerinitiativen sind phantasievolle Beispiele dafür, wie Ohnmächtige in unserer Gesellschaft aktiviert werden können – für das Gemeinwohl. Hier werden aber nicht nur Notstände dramatisiert, sondern neue Lebensformen antizipiert. Schon jetzt – in einer kleinen Gruppe wenigstens – das vorweg zu erreichen, was morgen allen zukommen sollte, dies zeigt auch eine neue, nicht nur konservierende Methode, den gesellschaftlichen Frieden zu halten. Die Antizipation, die Vorwegnahme menschenfreundlicherer Formen des öffentlichen oder privaten Lebens im eigenen Tun, über-

zeugt vielleicht auch stärker als die bloße Spekulation über neue Gesellschaftschancen.

II. Bürgerinitiativen: interessenegoistisch oder gemeinwohl-orientiert?

Aber die Sachzwänge großräumiger Energiepolitik? Werden in Zukunft die Maschinenstürmer der Provinz jeder Makrostruktur-Politik beliebig plebiszitär den Boden entziehen? Die Bürgerinitiativen gegen die Zerstörung von Stadt und Land seien, getrieben von latenter Katastrophenangst, letztlich nur unverantwortlich – interessenegoistische Experimente lokaler Beschränktheit? So hört man es von Seiten der Vertreter eines großtechnologisch orientierten Zukunftsverständnisses. Naturschützer seien irrationale Maschinenstürmer im Zeitalter nicht mehr umkehrbarer Technokultur, erklären in großer Sorge die Vertreter eines entschieden technologie- und konsumorientierten Gesellschaftsmodells. »Sie vertreten nur Sonderinteressen!« rief der Bundeskanzler vor der Hauptversammlung des Deutschen Städtetages 1979, so als sei es ihm gänzlich verborgen geblieben, daß es gerade Dinge wie z. B. der Autobahnbau durch Waldgebiete und die stupide Fortsanierung alter Stadtviertel sind, die auf das Vorhandensein mächtiger, anti-sozialer Sonderinteressen schließen lassen.

Festzuhalten ist demgegenüber: erst der Protest lokal orientierter Winzer, Bauern und umweltbesorgter Städter hat in unserem Lande die nunmehr bundesweit geführte öffentliche Diskussion über Naturschutz, speziell über das Sicherheitsproblem der Kernenergie-Politik, entfacht. Während Regierung und Parteien »das verheerende Ausmaß möglicher Katastrophen verschwiegen« und der »in einer Demokratie notwendigen Pflicht der Information der Bevölkerung nicht nachgekommen« sind (Bundesverband Bürgerinitiativen Umweltschutz, 1977), haben die genannten Umweltintiativen das Interesse des Gemeinwohls in diesem Problemfeld verfassungsgemäß und weitschauender wahrgenommen als viele Vertreter der politischen Exekutive. Das Handeln dieser Naturschützer besaß in vielen Fällen eine neue Qualität politischer Verantwortung, insofern es über Generationszeiträume zu denken sucht, nicht bloß bis zum kommenden Wahltermin.

Es ist wahr: Die badischen Winzer und viele andere Umweltschützer handelten fürs erste durchaus interessenegoistisch-partikular (Verschon' mein Haus, zünd' andre an). Die Ahnung der kollektiven Bedrohung einer ganzen Region schärfte jedoch zugleich schon das Bewußtsein dafür, daß man die Interessen der Bevölkerungsmehrheiten mitvertreten muß, wenn man glaubwürdig handeln will. Die defensiven, egoistischen Angst-Reaktionen der ersten Stunde wichen dann zusehends solchen Aktionen, die eine oft eindrucksvolle Verantwortung für das Gemeinwohl aller erkennen ließen.

Dies eben haben ihnen jedenfalls die Verwaltungsgerichte in den diesbezüglichen großen Prozessen der jüngsten Zeit ausdrücklich bescheinigt. Wenn die überwiegende Mehrzahl der Verwaltungsgerichtsurteile dem Naturschutz-Ansinnen der Bürgerinitiativen in den letzten 3 Jahren Recht gab, dann signalisiert das, so scheint uns, eine ungewöhnlich hohe Fähigkeit breiter Bevölkerungskreise unseres Landes, an der Zukunft dieser Demokratie aktiv, wie an ihrem eigenen Haus, mitzubauen. Was wir heute erleben, nach Jahren der Ohne-mich-Haltung, sind Anzeichen einer tiefgehenden Bürgerbeteiligung, ist das Inerscheinungtreten einer breiten Bürgerdemokratie in Deutschland, die substantiell anders ist als die bürokratische Demokratie der fünfziger und sechziger Jahre. Nicht »Staatsverdrossenheit« kennzeichnet die Gegenwart, sondern »Bürgerdemokratie« – wenn man den Weg von der politischen Abstinenz der fünfziger Jahre zur demokratischen Kompetenz breiter Bevölkerungsgruppen heute von unten, vom Bürger her sieht.

III. Bürgerbeteiligung, neue Nachbarschaft und soziale Kommunikation

Langjährige Felduntersuchungen Bielefelder Denkmalschützer und Sozialpädagogen in der Siedlung Eisenheim und analoge Beobachtungen in Sanierungsgebieten haben jedoch ergeben: im scheinbar nostalgischen Zurück zur alten Wohnweise ist das eigentlich Auffallende etwas kategorial Neues – die Entscheidung nämlich, der Nachbarschaft, der sozialen Kommunikation den Vorrang in der Skala der Bedürfnisse und öffentlichen Werte zu geben, quer zur vorherrschenden Lebensform, welche die gesellschaftliche Identität des einzelnen vornehmlich in Kategorien des wirtschaftlich Erreichten sieht. (Vergl. Roland Günter, Eisenheim – das ist eine Art miteinander zu leben, in: Gronemeyer/Bahr (Hg.), Nachbarschaft im Neubaublock, Weinheim, 1977, S. 294ff.)

In solchem Engagement vieler Bürger für eine bessere Lebenswelt kommt ein elementares Interesse an einem neuen, »qualitativen« Wachstum der Gesellschaft zum Ausdruck. Qualitatives Wachstum definiert sich also nicht bloß negativ: durch weniger Haben, weniger Verbrauchen, sondern – umgekehrt – eher positiv: als eine andere politisch-moralische Lebensform, die der freien verantwortlichen Beteiligung an allen öffentlich-politischen Entscheidungsprozessen den Vorrang gibt gegenüber einer versorgungsorientierten Lebensform, die uns immer stärker abhängig macht von Außen-Versorgung. Mithin stehen sich gegenüber zwei ganz verschiedene Lebensformen:

- eine ressourcenverschlingende, die Natur immer stärker erschöpfende Lebensform
- eine ressourcenproduzierende, Natur bewahrende, soziale Bezie-

hung produzierende Lebensform. (Vergl. Marianne Gronemeyer, Politische Partizipation, in: H. Moser (Hg.), Politische Psychologie, Weinheim, 1979, S. 174ff.)

IV. Staatliche Verwaltung und Partizipationsdynamik – wie gewaltfrei (kann/will) der Staat verfahren?

Viele kommunale Konflikte der letzten Zeit erwecken den Eindruck: Sobald die Betroffenen für die Probleme ihrer Lebenswelt Alternativen vorschlagen oder durchsetzen wollen, sucht die staatliche Verwaltung solche Willensartikulation zu schmälern. Wehren sich die Betroffenen einer Region dagegen, daß die ökonomischen Lasten und Risiken auf ihren Raum abgewälzt werden, werden sie nicht selten Gegenstand staatlicher Überwachungsapparate.

Brokdorf, Wyhl und Gorleben haben gezeigt, daß staatliches Handeln bei solcher Drucklage mehr und mehr von der Annahme genereller Verdächtigkeit des mündigen Bürgers bestimmt ist und der Bürger seinerseits, als Extremist und Fortschrittsfeind gedemütigt, in eine Widerstandsposition gerät.

Wenn staatliche Politik das Programm des »Wirtschaftswachstums« gegenüber den Bürgern aber mit polizeilichem Druck durchzusetzen sucht, dann kommt zutage, wie gefährlich das politische System unserer Demokratie in Abhängigkeit geraten ist vom ökonomischen Diktat einer quantitativen Wachstums-Technokratie.

Entscheidend wird daher die Forderung und Möglichkeit, den politischen Meinungsstreit über die gesellschaftliche Zukunft ohne solchen Druck, also gewaltfrei zu führen.

Arbeitsgruppe I
Bürgernähe der Entscheidenden – Entscheidungsnähe der Bürger (2)

I.

Politiker und Verwaltungen sind vielfach hilflos gegenüber Aktivitäten, Initiativen und Engagements von mündigen Bürgern bei der Gestaltung ihrer Umwelt, ihrer Gemeinde, ihrer Region. Das Angebot einer Bürgerbeteiligung in einer parlamentarischen, repräsentativen Demokratie erfordert eindeutige Begriffe und eine durchsichtige Methode.

Unter der unscharfen Überschrift »Bürgernähe« praktizieren oft Politiker und Verwaltungen Aktionismus, der diese Bezeichnung und vor allem die Bezeichnung Bürgerbeteiligung nicht verdient.

Werbung und Öffentlichkeitsarbeit, mit denen in Ausstellungen, Farbprospekten, Bürgerversammlungen, Anhörungen, Vor-Ort-Aktionen bereits getroffene Entscheidungen dem Bürger nahegebracht werden sollen, sind keine Bürgerbeteiligung. Die Bürger haben keine Möglichkeit, sich am politischen Entscheidungsprozeß zu beteiligen, ihre Interessen und ihre Erfahrungen einzubringen; sie haben keine Mitwirkungsmöglichkeit vor der Entscheidung.

Diese sogenannte Bürgernähe zeigt sich

- in gönnerhaftem Auftreten von Spitzenpolitikern in »Vor-Ort-Aktionen« (in der Regel vor Ausgewählten und nicht vor dem berühmtem »Mann auf der Straße«), wobei die Bürger einmal mehr zuzuhören haben und nicht ihre Interessen wahrnehmen können, die Politiker nach einem ausgeklügelten Terminplan möglichst »flächendeckend« mit Hubschrauber eingeflogen werden;
- im Einsatz von Werbematerialien (Hochglanz- und Farbbroschüren, Hofberichterstattungszeitungen, Ausstellungen), deren Informationswert gering ist. Mit diesen Aktionen werden Erwartungen erzeugt, die weder in der Sache noch in der Methode gehalten werden; was bleibt, ist keine Beteiligung des Bürgers, sondern Werbung und Öffentlichkeitsarbeit von Parteien und Regierungen;
- die Einschränkung der Kompetenzen der Verwaltung durch Eingriffe der Politiker in Verwaltungsentscheidungen;
- die vorbehaltlose Deckung von Parteimitgliedern in Politik und Verwaltung, ohne Rücksicht auf unrechtmäßiges und bürgerfeindliches Verhalten.

II.

Wirkliche Bürgernähe der Politiker zeigt sich in ihrer Einstellung gegenüber dem Recht der Bürger auf Beteiligung bei der politischen Entscheidung, bei der Diskussion über politische Konzepte, gegenüber dem Recht des Bürgers auf Wahrnehmung seiner Interessen, in Mitbestimmung des Bürgers in seiner Gemeinde, seinem Betrieb, seiner Schule oder Universität – kurz in allen Bereichen unserer Gesellschaft, wo Menschen mit unterschiedlichen Interessen Kompromisse finden und Politiker Entscheidungen treffen müssen.

Bürgernähe von Verwaltungen braucht, bei freiheitlicher Grundstimmung, eine gute Ausbildung von selbstbewußten Mitarbeitern, mit Eigenverantwortung und unantastbaren Entscheidungsrechten, die von Politikern nicht ausgehöhlt werden; vor allem setzt Bürgernähe von Verwaltungen aber ein breites Angebot von personalen Dienstleistungen im kulturellen, sozialen und kommunalen Bereich voraus.

III.

Die Entwicklung einer Methode für Bürgerbeteiligung in einer parlamentarischen repräsentativen Demokratie setzt voraus, daß

- der Entscheidungsprozeß in einen kognitiven (subjektiv bewertenden) und einen normativen (rechtlich festsetzenden) Entscheidungsprozeß getrennt wird;
- Bürgerbeteiligung muß im kognitiven Bereich, also im politischen Bereich ansetzen; insofern handelt es sich z. B. bei der Bürgerbeteiligung nach §2 a BBauG nicht um eine echte Bürgerbeteiligung; hier kann der Bürger erst nach einer getroffenen Entscheidung bei der rechtlichen Festsetzung mitwirken, aber nicht mehr bei der politischen Entscheidung selbst; z. B. ob er diese Entscheidung überhaupt – also im Grundsatz – will;
- deutlich wird, daß in einer parlamentarischen Demokratie plebiszitäre Rechtsformen ausgebaut werden, damit der Bürger seine Beiträge auch durchsetzen kann;
- die politische Entscheidung, unter Beteiligung der Bürger, den Planungen der Fachleute vorausgeht. Die Politiker müssen unter Beteiligung der Bürger sagen, was sie wollen, die Planer haben dafür die fachlichen Voraussetzungen und Planungen zu schaffen. Wir müssen die derzeitige Situation verändern, nach der Fachleute die Vorgaben machen und Politiker nur Ja oder Nein sagen können.

IV.

Ich habe in meiner Institution, der »Kommunalentwicklung Baden-Württemberg«, zusammen mit Kollegen aus den verschiedensten Fachrichtungen ein Modell für Bürgerbeteiligung bei kommenden Planungen entwickelt, das in ca. 50 Verfahren erprobt wurde. Hierzu einige Anmerkungen:

1. DEFINITION

Die Unterscheidungskriterien zwischen Bürgerbeteiligung und Bürgerinitiative können in Kürze wie folgt dargestellt werden:

- Unterscheidung nach der Zeitkomponente: Bürgerbeteiligung ermöglicht das Agieren, Bürgerinitiativen entstehen durch Reagieren.
- Unterscheidung nach den Inhaltskomponenten: Bürgerbeteiligung ist darauf angelegt, das Spektrum möglicher Entscheidungsalternativen konstruktiv zu erweitern; Bürgerinitiativen wenden sich dagegen meist gegen etwas Bestehendes bzw. Geplantes, d. h. es werden überwiegend Gegenalternativen eingebracht.
- Unterscheidung nach Strukturkomponenten: Bürgerbeteiligungsaktionen werden in den gesamten Planungs-, Beratungs- und Entscheidungsprozeß integriert; Bürgerinitiativen wirken von außen und müssen versuchen, die Nichtbeteiligung bei den politischen und sachlichen Entscheidungsfindungsprozessen durch gesellschaftspolitischen Druck von außen an die politischen Gremien heranzutragen.

2. MODELLZIELE

Die Erkenntnisziele für die beteiligten gesellschaftlichen Gruppierungen bzw. Entscheidungsgremien stellen sich wie folgt dar:

- Die politischen Gremien (Rat) erhalten weitere Entscheidungshilfen und ein verbreitertes Meinungsspektrum, d. h. letztlich Absicherung ihrer politischen Entscheidung.
- Information und Mitwirkungsmöglichkeit für die Betroffenen Bürger (gem. § 2 a BBauG). Konstruktive Politisierung durch Demokratieverwirklichung an der Basis.
- Die Planer erhalten wichtige Primärinformationen, Bedenken, Meinungen, Anregungen. Einbringung der Sachkompetenz der Bürger in den Planungsprozeß.

3. METHODIK

Die intensive Bürgerbeteiligung erfolgt nach den Prinzipien der Gemeinwesenarbeit, d. h. durch die Bildung von Gesprächskreisen zu einzelnen Themen der Planung. Der methodische Ablauf kann dabei wie folgt aussehen:

- Umfassende Bestands- und Situationsanalyse.
- Information der Bürgerschaft über die Ergebnisse der Analyse sowie über erste Problem- und Zieldarstellungen.
- Organisation von thematischen Arbeitskreisen mit ca. 12–15 Mitgliedern.
- Arbeitsphase der Arbeitskreise, ca. 4–6 Monate unter eigener Leitung.
- Ständiger Informationsaustausch zwischen den Arbeitskreisen, den politischen Gremien sowie den Planungsgremien. Gegenseitige Überlassung bzw. Einsichtnahme in alle Arbeitspapiere und Materialien.
- Gemeinsame Schlußdiskussion (Wochenendseminar) aller Beteiligten dieses kooperativen Planungsprozesses.

4. ERFAHRUNGEN/PROBLEMZONEN/RESTRIKTIONEN

Die praktische Erprobung des hier dargestellten Modells erfolgte in ca. 50 Verfahren kommunaler Planungen im Raum Baden-Württemberg. In dieser Zeit wurden u. a. folgende kritische Problembereiche beobachtet:

- Vorerst noch mangelnde Repräsentativität der einzelnen Gruppierungen der beteiligten Bürger (notwendig: flankierende Erwachsenenbildung).
- Die Grunderkenntnis in die Notwendigkeit kooperativen Handelns ist oft mangelhaft ausgebildet, d. h. es müssen zusätzliche Strategien entwickelt und angewendet werden.
- Allen beteiligten im kooperativen Planungsprozeß muß von Beginn an bewußt sein, daß die letztliche politische Entscheidung über den Planungsgegenstand bei den zuständigen politischen Gremien liegt.

Horst Krautter

B. Bericht über Arbeitsgruppe I: Bürgernähe der Entscheidenden – Entscheidungsnähe der Bürger

Der Arbeitsgruppe 1 lagen die beiden Ihnen bekannten Papiere vor. Wir hatten eine kurze Einführung in den Schwerpunkt Kommunalplanung; in der Diskussion nahmen kommunale Planung, Schulplanung und Entwicklungsplanung einen breiten Raum ein. In die Diskussion wurden aus Zeitmangel nicht einbezogen die anderen Bereiche, in denen Beteiligung diskutiert werden muß: Mitbestimmung in Betrieben, Mitbestimmung in der Schule, Mitbestimmung beim Wohnen; das Wahlrecht der ausländischen Mitbürger etc. Ich will versuchen, die Diskussion in sechs Punkten wiederzugeben. Es fand keine Abstimmung statt. Ich versuche, die Diskussion einigermaßen objektiv wiederzugeben.

1. Eine kontroverse Diskussion entstand über den Vorschlag eines Diskussionsteilnehmers, daß sich verantwortungsbewußte Bürger der Bedürfnisse der Sprachlosen – z. B. Kinder, ausländische Mitbürger, alte Menschen – annehmen. Dagegen wurde eingewandt, daß Menschen ihre Bedürfnisse selbst formulieren können und ihnen Möglichkeiten geboten werden müssen, diese selbst in Diskussionen zu artikulieren.

2. Der Hilflosigkeit des Einzelnen gegenüber Bürokratie und unpersönlichen Institutionen muß mit der Einführung der Verbandsklage begegnet werden.

3. Bürgerbeteiligung muß bei der Diskussion der gewünschten Ziele beginnen, nicht erst bei der Planung. Daraus resultiert

4. Zuerst kommt die Diskussion der politischen Ziele von Politikern und Bürgern, dann erst kommen die Planer und die Fachleute zu Wort. Dabei ist wichtig, daß die Informationen nicht allein von denen kommen, die die Entscheidungsbefugnisse haben.

5. Alle Bürger sind grundsätzlich kompetent, ihre Forderungen an die Gesellschaft und ihre Erfahrungen mit Gesellschaft auszudrücken. Allerdings müssen Artikulationsmöglichkeiten für alle Gruppen gesucht und angeboten werden. Die Möglichkeit, sich zu artikulieren, darf nicht durch formale Prozeduren verhindert werden.

6. Technische Hilfsmittel (Pläne, Dias, Filme, insbesondere das Kabelfernsehen) sind keine Hilfe bei der Beteiligung von Bürgern. Das Gespräch ist nicht zu ersetzen.

Horst Krautter

Arbeitsgruppe II: »Politik um der Macht willen – Moralische Kriterien der Politik« (1)

Gängige Unterscheidungen

Viele sagen: »Politik ist ein schmutziges Geschäft«. Diese Einschätzung wertet die Politiker vom Standpunkt der Moral aus ab. Die Formel »Politik ist die Kunst des Möglichen« oder die ihr verwandte Vorliebe für den Begriff »Realpolitik« anerkennen allenfalls eine Abwägung zwischen Interessen und Moral. Ein »reines« Handeln nach sittlichen Grundsätzen, nach göttlichen Geboten und nach idealen Werten (z. B. Gerechtigkeit, Frieden) sind aber auch in dieser Sicht politisch undurchführbar.

Politisches Handeln beansprucht oft, im Auftrag und im Interesse einer Gesamtheit, eines Volkes, eines Staates auf normale moralische Grundsätze verzichten zu müssen, da diese eher für individuelles Verhalten gelten. In den Beziehungen zwischen Völkern und Staaten dagegen herrsche eine Sondermoral, die die »Verantwortungsethik« an die Stelle einer »Gesinnungsethik« setze. So führe vermeintliche Verantwortung für die Gesamtheit zu einer Art »heiligem Egoismus«, dem »das Hemd näher ist als der Rock«.

Politische Ziele, auch partikulare, parteiische, sind nur mit Mitteln der Macht durchzusetzen. Streben nach Macht ist daher ein unvermeidliches Kennzeichen der Politik. Macht muß sich legitimieren durch demokratische Verfahren; Macht soll durch Kontrolle ausgeglichen und erträglich gemacht werden. Nach dem Grundgesetz (Artikel 38) sind die Abgeordneten Vertreter des ganzen Volkes, an Aufträge und Weisungen nicht gebunden und nur ihrem Gewissen unterworfen. Doch mit dem Argument, diese Abgeordneten hätten ihr Mandat nicht als Privatpersonen, sondern als Vertreter einer Partei erlangt, wird ihr Gewissen sozialisiert und damit unwirksam gemacht. Sie werden zur Niederlegung ihres Mandats aufgefordert («Der Gebrauch, den alle Fraktionen vom Grundgesetz Artikel 38 machen, ist nicht mein Gebrauch« – Dieter Lattmann, MdB).

Ansätze zur Neuorientierung

Dem Christen werden in den radikalen Forderungen der Bergpredigt Gegensatz und Spannung zwischen Politik und Moral bewußt. Feindesliebe gilt in der Politik als unrealistisch. Doch eine Politik der Aussöhnung mit früheren Feinden, oft erst durch Kehrtwendung von »Falken« ermöglicht, hat sich nicht selten in der Geschichte als realistisch erwiesen.

Die Erfahrung der Hitlerzeit, in der die Amoralität der Politik zum Grundsatz erhoben worden war, machten die Frage einer moralischen Bindung und Begrenzung der Politik zum Politikum.

In der internationalen Politik verstärkte sich ein Prozeß, der wiederum ein Minimum an Verläßlichkeit und Berechenbarkeit für das Zusammenleben anstrebt. Abkommen – wie Menschenrechtskonventionen, zuvor schon die Haager Landkriegsordnung oder die Rot-Kreuz-Konvention, auch die KSZE-Schlußakte von Helsinki – sollten trotz mangelnder Sanktionsgewalt durch völkerrechtliche Bindungen ein internationales Faustrecht mildern und schließlich beenden. Dieses Ziel ist nicht aufzugeben.

Interessen und Menschenrechte – ein Gegensatz?

Nach herrschender Meinung haben in der Außenpolitik die Interessen des jeweiligen Staates stets Vorrang. Kollektiver Egoismus wird – zumal in den Demokratien – durch das Mehrheitsprinzip zeitlich begrenzter Wahlperioden bestätigt. Die Wähler honorieren Kompromisse nur, wenn Nachteile und Vorteile sich die Waage zu halten scheinen. Fremde Rechte zu fördern, Hilfe für andere außerhalb des eigenen Staats- und Volksverbandes – das gilt als abwegig, allenfalls als »moralisch.

Menschenrechte werden – je nach Gesellschaftsordnung und ihrer Theorie – unterschiedlich ausgelegt. Auch Moral ist kulturell unterschiedlich geprägt (man denke z. B. an Rechtfertigungen der Geiselnahme in Teheran). Sie kann sogar als Ideologie politische Interessen verschleiern helfen (z. B. als Eigentumsmoral). Eine Politik, die die Verwirklichung von Menschenrechten in anderen Staaten zu fördern versucht, gilt schnell als weltfremd und illusorisch, zumal sie sich in der Praxis leicht in Widersprüche verstrickt und als Anspruch auf ihre Urheber zurückschlägt. Damit wird die Zielsetzung, friedensgefährdende Spannungen und Konflikte zu überwinden, immer wieder diskreditiert, vor allem in Konstellationen, die eine Politik der Stärke populär machen, in denen Popularität stark macht.

Beispiel: Zur Rechtfertigung von Interessenpolitik wird erstaunlicherweise das je eigene Handeln moralisch auf-, das andere Handeln moralisch abgewertet – in den rhetorischen Begründungen. Dennoch werden plötzlich Wirtschaftssanktionen der USA gegen die Sowjetunion aus politischen Gründen durchführbar, obwohl sie den auf zahlreichen Weltkonferenzen bisher beschworenen Regeln internationalen, marktwirtschaftlichen Freihandels Hohn sprechen. Angeblich wegen eben dieser Regeln blieben alle Mehrheitsbeschlüsse der Vereinten Nationen zur Durchsetzung der Menschenrechte in Südafrika wirkungslos. Im Westen wird die UN-Generalversammlung in dem Augenblick wieder ernst genommen, in dem sie die »richtigen« Beschlüsse faßt (Afghanistan). Manche billigen es, den Bürgern der Sowjetunion Brotgetreide vorzuenthalten, wollen aber zugleich auf Olympische Spiele in Moskau keinesfalls verzichten. Schließlich wird der Olympia-Boykott weniger als Strafaktion gegenüber der UdSSR, eher als Beweis von Bündnistreue gegenüber den USA gerechtfertigt. Außenpolitische Interessen ermöglichen »Hilferufe« aus El Salvador und Guatemala an die USA, setzen die Armee Mexikos in Alarmbereitschaft wegen möglicher militärischer Besetzung von Ölfeldern durch Eingreiftruppen. Die doppelte Moral politischer Praxis diskreditiert die Moral der politischen Bekenntnisse. Der Bundesverband der Deutschen Industrie (BDI) hat zwar am 16. 9. 1977 erklärt: »Gesetze und Praxis der Rassentrennung in Südafrika werden von der deutschen Industrie nicht gutgeheißen«, zugleich aber wird die Kooperation mit der Bundesregierung zur Verwirklichung des – in der Tat unverbindlichen – EG-Verhaltenskodex für Unternehmen mit Tochterunternehmen, Filialen und Vertretungen in Südafrika verweigert.

Rohstoff-, Investitions- und Arbeitsplatzinteressen machen die Menschenrechte der schwarzafrikanischen Bevölkerungsmehrheit in Südafrika zu einem Thema nur von Sonntagsreden. Doch die Frage bleibt: erfordert nicht langfristiges, interessenbezogenes politisches und wirtschaftliches Denken »gute Beziehungen« zu der Mehrheit aller afrikanischen Staaten und der auf ihren historischen Sieg wartenden schwarzafrikanischen Mehrheit im Süden dieses Erdteils?

Gerechtigkeit ist anzustreben, nie zu garantieren

In der Innenpolitik wird versucht, durch Konkurrenz zwischen Parteien und Verbänden einen Interessenausgleich zu erreichen, der das Gleichgewicht eines »Gemeinwohls«, eines Gesamtinteresses herstellen soll. Legitimation und Kontrolle der Macht durch Gewaltenteilung, Meinungsfreiheit und damit öffentliche Kritik, Grundrechte und Rechtsweggarantie sind Methoden, den Schwächeren vor dem Stärkeren, Minderheiten vor der Mehrheit zu schützen. Die Bindung von Macht an Recht ist ein freilich beschwerlicher Weg, Politik und Moral zu vereinen, dem unerreichbaren Ziel jedenfalls näherzukommen.

Beispiel: Was heißt Gesamtinteresse im Streit um die Kernenergie? Befürworter und Gegner bringen beide auch moralische Argumente vor. Doch mangelhafte Konsistenz und Konsequenz der jeweiligen Argumentation haben zu Krisen der Glaubwürdigkeit geführt. Gleichbleibende Interessen geraten in moralisches Zwielicht, wenn sie dem guten Gedächtnis unterschiedlich, gar widersprüchlich begründet werden. Kernkraftzweifler oder gar -gegner ziehen sich den Vorwurf zu, weltferne Moralisten zu sein oder gar Heuchler, die Gefahren von sich selbst abwenden, sie anderen aber ruhig zumuten wollen. Oder sind sie die eigentlichen Realisten, was sich allerdings erst zeigen könnte, wenn unwiderrufliche Entscheidungen gefallen, Tatsachen geschaffen sind? Wer keinen Krieg zur Ölbeschaffung rechtfertigen kann und zugleich Atomenergie bei uns zumindestens blockieren will, wird sich und andere auf einen starken Rückgang des Lebensstandards in unserer Industriegesellschaft vorbereiten müssen. Haben wir dazu genügend moralische Kraft?

Die falsche Unterscheidung zwischen Gesinnungsethik und Verantwortungsehtik

Eine Gesinnungsethik, die nur nach guten Motiven des einzelnen fragt, der vor sich selbst bestehen will, und die Folgen seines Handelns unbeachtet läßt, ist im Ergebnis unmoralisch. Daher bleibt nur verantwortungsbewußte Ethik – im »Privatleben« ebenso wie im öffentlichen Leben. Moralisch verantwortlich handeln auch in der Politik nur die, die bereit sind, das Recht und das Wohl »der anderen« zu berücksichtigen.

In der Außenpolitik folgt daraus: Die Verantwortung für die Lebensinteressen des eigenen Staates kann nur wahrgenommen werden in Mitverantwortung für die Lebensinteressen der anderen Völker und Staaten. Im Rahmen der gegenwärtigen Bündnisblöcke – auch der Blockfreien – hat sich diese Erkenntnis schon durchgesetzt. Sie geht stufenweise weiter – infolge der sich verstärkenden internationalen, wenn auch meist ungleichgewichtigen Abhängigkeiten – bis zur Mitverantwortung für das Schicksal entfernter Völker. Diese Verantwortung wird für unser Volk und seine Regierung in Krisenzeiten besonders deutlich sichtbar. Die Mitverantwortung für die Erhaltung des Weltfriedens muß damit beginnen, daß wir jeder Art von Kriegshetze und Freund-Feind-Propaganda schon im Ansatz widersprechen. Das Interesse des friedlichen Zusammenlebens muß den Vorrang vor der Durchsetzung jeweils auftretender Partikularinteressen haben.

Für die Innenpolitik fogt daraus: Der Politiker muß sich des Widerspruchs der Interessen seiner GruppePartei zu denen anderer bewußt sein, auch, wenn sein »Erfolg« daran gemessen wird, ob er für die Privilegien verteidigt oder erwirbt. Frage: Was trägt er dazu bei, daß auch andere leben können, daß auch den bisher Benachteiligten Gerechtigkeit widerfährt? Wer für die Benachteiligten kämpft, muß die Frage beantworten, wie er es nicht zum Bürgerkrieg kommen läßt, der allen schadet.

Wer seine Hände hinsichtlich aller einzelnen moralischen Gebote reinhalten will, kann nicht Politiker sein. Doch der verantwortungsbewußte Politiker kennt den schmerzlichen Konflikt zwischen der Moral des Individual- und der des Gesamtinteresses. Deshalb darf ihm die Verletzung eines einzelnen moralischen Gebots nur äußerster – und jedenfalls stets zu begründender – Notfall sein, der durch sein Gesamtverhalten aufgehoben werden muß.

Warum Politik und Moral zusammengehören

Die Behauptung, Politik und Moral stünden grundsätzlich in einem Gegensatz zueinander, vergiftet die Politik, die angesichts immer komplizierter und unüberschaubar werdender gesellschaftlicher Verhältnisse Zielsetzung und inneren Zusammenhang, Sinngebung braucht. Sie führt zur Machtbehauptung als Selbstzweck des politischen Handelns, vom Pragmatismus ohne menschenwürdige Ziele zu Opportunismus und Zynismus.

Zu moralischer Politik gehört die Rechtfertigung politischer Entscheidungen als vernünftige Abwägung der wirkenden, miteinander konkurrierenden Interessen. Moralische Forderungen sind in langfristig realistische Politik zu übersetzen durch eine Vernunft, die nicht gebannt auf den augenblicklichen Vorteil schaut. In langfristiger Perspektive laufen politisches Kalkül und moralische Kriterien zusammen. Die Herausforderung für die Politiker in parlamentarischen Demokratien besteht darin, daß die Bedingungen ihres Mandats den Wahlerfolg durch Mobilisierung kurzfristiger und vordergründiger Interessen begünstigen. Es gilt jedoch, alle Politiker und die Bürger davon zu überzeugen, daß die scheinbar erfolgreiche Verdrängung heutiger Probleme zu Lasten unserer Kinder und Enkel weder moralisch noch politisch zu verantworten ist. Langfristige vernünftige Wahrnehmung der eigenen Interessen und moralische Forderungen für ein menschliches Zusammenleben sind eins; kurzfristiger Egoismus ist zu teuer geworden und lebensgefährlich.

Arbeitsgruppe II: Politik um der Macht willen – moralische Kriterien der Politik (2)

Fragen zur selbstkritischen Prüfung

1. Was meinen wir eigentlich, wenn wir von den Politikern (Regierungsmitgliedern, Parlamentariern usw.) moralisches Handeln verlangen?

a) Sicher meinen wir, sie sollen sich als Diener unserer kollektiven Interessen, mit deren Vertretung wir sie beauftragt haben, bewähren. (Das können – innenpolitisch – Standes-, Berufs-, Klasseninteressen sein oder das Interesse, unsere politischen Anschauungen oder unsere Weltanschauungen zur Geltung zu bringen; über diese Gruppeninteressen hinaus sind es – innen- und außenpolitisch – die Interessen des Gemeinwohls, der Gesamtheit der Staatsbürger.)
Mindestens meinen wir dabei, sie sollen die Befriedigung ihrer Privatinteressen (Geld, Macht, Prestige usw.) unter und nicht über die Vertretung unserer kollektiven Interessen stellen. Wir gestehen ihnen bei diesem Mindestmaß zu, daß sich auch auf ihre Kosten kom-

men dürfen, solange unsere Interessen zu deren Vertretung sie sich verpflichtet haben, ungeschmälert auf ihre Kosten kommen. Wo ein Politiker dieses Mindestmaß nicht einhält, wo er allzusehr in die eigene Tasche wirtschaftet, kündigen wir ihm das Vertrauen und bemühen uns, ihn durch dafür vorgesehene Kontrollmechanismen von seinem Posten zu entfernen.

b) Wieweit setzen wir uns deshalb für den Ausbau dieser Kontrollmechanismen ein, die der Kontrolle des pflichtgemäßen Handelns der Politiker dienen (= für den Ausbau der Demokratie)? Denn in ihnen geht es um die Realisierung unserer moralischen Forderungen an die Politiker. Nach Lenins Wort: »Vertrauen ist gut, Kontrolle ist besser.« Der Ruf nach dem starken Mann bedeutet immer Abbau der demokratischen Kontrolle. Das Extrem der unkontrollierten Macht, das wir erlebt haben, war der NS-Führerstaat: Vertrauen ohne Kontrolle. Und das Extrem seiner Konsequenz: ein Führer, der in seinen Untergang sein ganzes Volk hineinreißen wollte (vgl. Sebastian Haffner, »Anmerkungen zu Hitler«).

c) Verlangen wir von unseren Interessenvertretern auch, daß sie nicht nur ihre Privatinteressen, sondern auch unsere Gruppeninteressen unter und nicht über das Gemeinwohl stellen? Immer wieder haben in der Geschichte Gruppen ihre Interessen mit dem Gemeinwohl gleichgesetzt, vor allem, wenn sie privilegiert waren. Beispiele: Der Kampf der Aristokratie gegen die Forderungen der bürgerlichen Demokratie; die Erklärungen deutscher Wirtschaftsführer für den Nationalsozialismus vor 1933; der Kampf der bürgerlichen Schichten gegen Allende in Chile und der Kampf der Weißen für ihre Vorrechte in den Staaten des südlichen Afrika. Hört die moralische Forderung an die Politiker an der Grenze unseres Gruppeninteresses auf, oder verlangen wir von ihnen, daß sie die Interessen des Gemeinwohls auch gegen unser Gruppeninteresse vertreten? Demokratie bedeutet auch: Vorrang des Gemeinwohls vor den Gruppeninteressen.

2. Auch unser staatliches Gemeinwohl ist ein Gruppeninteresse, solange unser Staat als Staat unter Staaten existiert. Verlangen wir von unseren Politikern, daß sie das Gemeinwohl der Völkergemeinschaft, in deren Mitte unser Staat lebt, über die Interessen unseres Staates stellen? Dann kann das Wohl des eigenen Staates nicht mehr, wie man es in der nationalstaatlichen Epoche lehrte, die alleinige und oberste Richtschnur politischen Handelns sein (sacro egoismo). Beispiele: a) Im deutschen Widerstand gegen Hitler mußte gegen das Interesse unseres Volkes am Sieg gehandelt werden. b) Die EG-Beamten in Brüssel sind verpflichtet, als Treuhänder der Interessen der ganzen EG im Extremfall auch gegen ihr eigenes Land zu handeln.

Diese Veränderung gegenüber der politischen Moral der nationalstaatlichen Epoche läßt fragen:

a) Bis zu welchem Maße darf ein Politiker im Kollisionsfall die Interessen des eigenen Landes den übergeordneten Interessen einer überstaatlichen Gemeinschaft opfern?
b) Wofür kämpft und stirbt der Soldat der Bundeswehr? Wofür sind die deutschen Offiziere in den oberen NATO-Stäben tätig? Für die BRD, für Gedamtdeutschland, für die Gesamtheit der NATO-Staaten? Wie haben sie zu entscheiden, wenn von ihnen die Opferung ihres eigenen Landes als Randzone des NATO-Bereichs verlangt wird: der Teil für das Ganze?
c) Kann heute an die Stelle des staatlichen Gemeinwohls als oberstes Maß politischen Handelns das Gemeinwohl eines übergeordneten Bündnisses (EG, NATO) treten – oder ist da nicht sofort und nur das Gemeinwohl der gesamten Menschheit zu nennen, also der Weltfrieden, die Überwindung des Nord-Süd-Gefälles, die Bewohnbarkeit der Erde auch für unsere Nachkommen? Ist die Interdependenz, d. h. die Verflochtenheit und gegenseitige Abhängigkeit der Partikularinteressen, auch der Interessen der einzelnen Völker, schon so groß, daß über dem nationalstaatlichen Gemeinwohl der hinter uns liegenden Epoche heute nicht das Gemeinwohl der überstaatlichen Gemeinschaften, sondern sofort das menschheitliche Gemeinwohl steht? Und zwar deswegen, weil unser Staat zwar kündbarer Teil der überstaatlichen Gemeinschaften aber unkündbarer Teil der gesamten Völkergemeinschaft ist, und deshalb als Teil nur leben kann, wenn das Ganze lebt (dies meinte Carl Friedrich von Weizsäckers These, alle Politik sei heute Weltinnenpolitik.)

3. Wieweit halten wir neben unserem Kollektivinteresse, neben unserem Gemeinwohl auch die Interessen anderer, die außerhalb unseres Bereichs leben, für unsere politische Aufgabe? Müssen andere Menschen und Völker Unrecht leiden, weil unsere Interessen das fordern? Beispiele: Die Herrschaft des Schahs von Persien lag im Interesse unserer Wirtschaft, unserer Ölversorgung und unserer Strategie (so noch Graf Lambsdorff im Herbst 1978). Die Herrschaft der Weißen in Süd-Afrika liegt im Interesse unserer Wirtschaft, unserer Arbeitsplätze (E. Loderer) und unserer Strategie. Wenn die Menschenrechte anderer mit unseren Interessen in Konflikt kommen, was verlangen wir dann von unseren Politikern und von uns selbst?
4. Als Leitsätze für moralische Politik ergeben sich daraus: das Ganze ist mehr als der Teil; der Teil kann nur leben, wenn das Ganze lebt; im Kollisionsfall müssen darum die Interessen des Teils dem Interesse des Ganzen untergeordnet werden. Das gilt für das Verhältniss von Privatinteresse und Gruppeninteresse, von Gruppeninteresse und Staatsinteresse, von Staatsinteresse und Menschheitsinteresse. Die damit gegebene moralische Richtlinie für das Verhalten unserer Politiker ist zugleich die Frage an jeden von uns, da jeder von uns ein zoon politikon (politisches Wesen) ist und Auftraggeber unserer Politiker: In welchem Maße sind wir selbst bereit, – über unsere

Partikularinteressen hinaus zu sehen auf das Intersse des Gemeinwohls, und zwar heute sofort auf das menschheitliche Gemeinwohl,– dem Gemeinwohl des Ganzen unsere Partikularinteressen unterzuordnen,– dies von unseren Politikern zu verlangen, ist zu unterstützen, wenn sie das tun, und ihnen entgegenzutreten, wenn sie das nicht tun?

Arbeitsgruppe II: Thesen zum Thema

1. Es ist genauso unmoralisch, nicht politisch zu denken, wie es unpolitisch ist, nicht moralisch zu denken.
2. Wer als Politiker seinem Gewissen (so das Grundgesetz) und als Christ der Bergpredigt verpflichtet ist, hat nicht das Reht, moralfreie Politik zu machen.
3. Sô darf etwa Entwicklungspolitik nicht rein ökonomisch gemacht werden, auch nicht langfristig. Selbst wenn auch langfristig kein Nutzen für uns dabei herausschaut, sind wir als die Reichen verpflichtet, einen gerechten Ausgleich herbeizuführen.
4. So haben wir nicht das Recht, im politischen Bereich von Volksherrschaft = Demokratie zu reden, wenn wir nicht täglich darüber nachdenken, wie die Beteiligung aller Bürger an den politischen Entscheidungen immer besser gewährleistet werden kann.
5. So dürfen auch Wachstumsentscheidungen nicht unter reinen Nützlichkeitsgesichtspunkten gefällt werden. Es gibt sicher auch unmoralisches Wachstum, nämlich das auf Kosten anderer und das auf Kosten späterer Generationen.
6. Auch daß Rüstungswettlauf moralisch wäre, hat (zum Glück) noch niemand behauptet. Politisch-moralisches Denken verpflichtet uns, nach Alternativen zu suchen.
7. Machtpolitik = Politik um der Macht willen ist verwerflich. Ebenso verwerflich ist eine Politik, die egoistische Interessen gegen die jeweils größere Gemeinschaft (Staat, Völkergemeinschaft) rücksichtslos durchsetzt.
8. Weil reine Machtpolitik und rücksichtslose Interessenpolitik oft als verächtlich erkannt werden, werden sie zumeist als rechtmäßig und moralisch getarnt. Dies gilt es zu entlarven.
9. Auch ist die beliebte Berufung auf »Sachzwänge« keine Entschuldigung für unmoralische Entscheidungen, denn Aufgabe der Politik ist es, mit Sachzwängen fertig zu werden, und oft sind diese Sachzwänge selbstverschuldet.

10. Politiker, die nur an kurzfristige pragmatische Lösungen denken – sie nennen sich oft »Realpolitiker« – vergessen ihr Gewissen – »Aussteiger«, die nur mit ihren Ideen leben wollen, vergessen, daß der Mensch Verantwortung nicht nur für sich selbst trägt.
11. Natürlich gibt es kein einfaches Patentrezept für »moralische Politik«. Was die jeweils moralische Entscheidung ist, sagt aber eher das Gewissen als die Nützlichkeitsüberlegung. Oft ist auch moralische Politik langfristig diejenige Politik, die das wohlverstandene eigene Interesse besser wahrt, als kurzsichtiger Egoismus. Die humanere Politik ist sie allemal.

B. Bericht über Arbeitsgruppe II: Politik um der Macht willen – moralische Kriterien der Politik

In den drei Papieren der Arbeitsgruppe haben auch Thesen vorgelegen. Im zweiten Papier gibt es ein paar analytische Fragen zur selbstkritischen Prüfung und auf dem dritten Blatt mit der Überschrift »Politik um der Macht willen – moralische Kriterien der Politik« steht das Gesamtthema noch einmal in Thesen da. Diese analytischen Fragen im zweiten Papier und – mit zwei Einschränkungen – auch die Thesen hat sich die Arbeitsgruppe im Ergebnis nach differenzierter Diskussion zu eigen gemacht. Bei den Thesen gab es folgende Modifikationen: In der These 7 wurde der Passus in der Zeile 2 und 3, »jeweils größere Gemeinschaft (Staat, Völkergemeinschaft)« ersetzt durch den Passus: »Interessen der Gemeinschaft (z. B. ökologische Kriterien, Bürgernutzbarkeit, Schutz der Schwachen)«. Die These 7 würde dann lauten: »Machtpolitik, Politik um der Macht willen, ist verwerflich. Ebenso verwerflich ist eine Politik die egoistische Interessen gegen die Interessen der Gemeinschaft (z. B. ökologische Kriterien, Bügernutzbarkeit, Schutz der Schwachen) rücksichtslos durchsetzt.«

In der These 10 wurde in der Zeile 2 es für notwendig gefunden, den dort in Anführungszeichen gebrauchten Begriff des »Aussteigers« zu relativieren, indem differenziert wird zwischen dem rein privatistischen Aussteiger, der ja dort gemeint ist, der nur mit seinen Ideen leben will, und demjenigen, der aussteigt, um alternative Lebensformen zu entwickeln, oder demjenigen, der aus Gründen persönlicher Therapiebedürftigkeit aussteigt.

Diese Änderungen bildeten zugleich zwei der Schwerpunkte der Diskussion. In ihr ging es sowohl um Definition, als auch um Maßstäbe und Kriterien von Politik, Gemeinwohl und Moral. In der generellen Debatte wurde die Ausgangsfrage nach der Möglichkeit politischer Moral, auch im modernen Ständestaat der Lobbyisten und Interessengruppen, eindeutug bejaht. Dabei wurden der Ratio und dem Gefühl ein Platz eingeräumt. »Entemotionalisierung« kann auch Gefühllosigkeit verdecken. Es wurde generell auf die Problematik des Vertretens moralischer Positionen, die aus unterschiedlichen sozialen Rollen heraus definiert werden, hingewiesen: Für den sozial Privilegierten ist z. B. die moralische Anspannung (aber auch die soziale Auswirkung) geringer, wenn er etwa Konsumverzicht zugunsten von Energieeinsparung oder Verzicht auf Lohnerhöhung zugunsten besserer Arbeitsbedingungen fordert. Andererseits wurde darauf hingewiesen, daß auch z. B. bei Automobil- und Chemiearbeitern in jüngster Zeit in empirischen Untersuchungen Veränderungen des ökologischen Bewußtseins festgestellt werden können, sobald diese ihre persönlichen Erfahrungen im Umfeld ihrer Werke sich bewußt gemacht haben. Ein inhaltlicher Moral-Kodex der obersten Prinzipien einer Moral, wie wir sie hier zugrunde legen, wurde in folgenden Grundwerten gesehen, um deren Verbindlichkeit, Durchsetzung und Bestand aber noch immer gekämpft werden muß.

1. Menschenwürde (Art. 1 GG) und bürgerliche Freiheiten. Dabei neu zu bedenken ist die Einfügung eines Grundrechts auf »privacy«, wie es Jürgen Baumann formuliert hat, also der Schutz gegen Eingriffe in die Privatsphäre, der mit dem herkömmlichen Grundrechtsverständnis noch nicht von allen hinreichend verbunden wird.

2. Soziale Gerechtigkeit, wobei der Konflikt zwischen einer Einfügung sozialer Grundrechte in das Grundgesetz und der Vorstellung eines weiterhin sozial gegliederten Ständestaates noch besteht.

3. Gleichberechtigung der Frau; hier gibt es noch viele konkrete Durchsetzungsfelder.

4. Keine Sklaverei.

5. Friedensstaatlichkeit: Krieg ist kein Mittel der Politik mehr.

In der organisatorisch verfahrensmäßigen Substanzierung haben wir die Moral diskutiert im Konflicktfeld »Wahrhaftigkeit gegen Demagogie«, und im Bereich der sachgebundenen Gewissensentscheidungen im Gegensatz zu Opportunismus und Taktik.

Als Beispiel für solche Unmoral wurde auch die Zustimmung zum Olympia-Boykott – wider das eigene Gewissen – bewertet, wie wir diese Zustimmung bei verschiedenen Entscheidungsträgern bewerten müssen. Problematisiert wurde die Rede vom »mündigen Bürger«: sie ist vorstellbar als regulative Idee eines erst noch zu erfüllenden Menschenbildes des Grundgesetzes; sie ist aber unmoralisch als Ausrede für rücksichtslosen, egoistischen Gebrauch von Freiheit und Eigentum, wie dies beispielsweise bei der Kampagne «Freie Fahrt für freie Bürger« geschehen ist. Es wurde auch darüber diskutiert, ob Gesetze zur Durchsetzung dieses materiellen und verfahrensmäßigen Moral-kodex möglich und wünschbar seien. Wir kamen zu dem Ergebnis, daß die Gesetzgebung eine ganz unverzichtbare Hilfe für die Herstellung eines Moralkonsenses ist, wenn auch nicht in allen Fragen und immer nur mit Zielrichtung auf das äußere Verhalten, nie aber mit Richtung auf die Gesinnung. Das Gesetz soll ja gerade den Schwachen vor dem Stärkeren schützen, und es soll ihn auch vor der Abhängigkeit von der bloßen Moral oder der bloßen Wohltätigkeit der Stärkeren schützen – wie das in der Geschichte der Sozial- und der Arbeiterbewegung deutlich wird.

Erich Küchenhoff

Arbeitsgruppe III: Bestimmt die Politik das Wachstum oder das Wachstum die Politik?

1. Inhalt und Richtung des Wachstums werden bisher bestimmt durch
   a) Umsetzung wissenschaftlicher Erkenntnisse in technische Innovation (Verbrennungsmotor, Elektromotor, Mineraldünger, Kunststoffe, Flugzeug, Atomtechnik).
   b) Wirtschaftliche – oft auch militärische – Nutzung technischer Innovation (Automobil, (Panzer), Maschinenbau, Intensiv-Landwirtschaft, Luftverkehr, (Luftwaffe), Atomstrom, (Atombombe).

   Da beides vor allem in der Hand der multinationalen Konzerne liegt, haben sie bisher über Inhalt und Richtung von Wachstum die wichtigsten Entscheidungen getroffen.
2. Aufgabe der Politik ist es bisher,
   a) die Infrastruktur für solches Wachstum bereitzustellen.
   – Beispiel Automobil: Straßen, Verkehrsregelungen, TÜV etc.
   – Beispiel Landwirtschaft: Flurbereinigung, Wegebau, Schulungseinrichtungen etc.
   b) Schäden zu minimieren:
   – Beispiel Automobil: Versicherungspflicht, Verkehrspolizei, Verkehrsgerichte, Rettungsdienste, Unfallkrankenhäuser
   – Beispiel Landwirtschaft: Überwachung der Nahrungsmittel durch Stichproben, Kühlhäuser für Überschüsse etc.
3. Bisher haben die finanziellen Erträge solchen Wachstums meist ungefähr ausgereicht, die Infrastruktur und die Vorkehrungen für entstandene Schäden bereitzustellen.

   Je weiter das Wachstum fortschreitet, desto ungünstiger wird diese Relation: Was an zusätzlichen Ausgaben für zusätzliches Wachstum nötig ist, dürfte bald die finanziellen Erträge übersteigen.

   Beispiele:
   – Jede Million zusätzlicher Autos oder Autokilometer schafft Verkehrsprobleme und Kosten, die eher exponentiell als linear wachsen (Tunnelbauten, Über- und Unterführungen, Grundstückspreise, Lärmschutz, Entwertung von Wohngebieten).
   – Atomenergie: Entsorgung, Sicherung gegen Sabotage, Sicherung von Transporten.
   – Jedes weitere Wachstum unserer landwirtschaftlichen Produktion erzeugt mehr Kosten als finanzielle Erträge (Subventionen, Lagerhaltung, Verkauf ins Ausland). Es mindert überdies die Qualität der Produktion.

4. Wird eine bestimmte Wachstumsrate zum politischen Ziel, so wird Politik zunehmend dazu verurteilt, Sachzwänge zu exekutieren (wenn z. B. das Automobil als Wachstumsmotor gebraucht wird, ergibt sich daraus bereits die Verkehrspolitik). Wenn Bau und Export von Atomkraftwerken Wachstum versprechen, erscheint jede andere Energiepolitik zuerst als »Wachstumsverzicht«. Solche Zwänge führen in immer neue Sachzwänge, bis sie an unüberschreitbare Grenzen führen, z. B. im Verkehr: Landschaftsverbrauch, Energieknappheit, Widerstand der Betroffenen.
5. Da die finanziellen Erträge herkömmlichen Wachstums zunehmend aufgefressen werden durch die Kosten des Wachstums, können die Industrieländer nichts von ihrem Wachstum an Entwicklungsländer abgeben. Die Statistik der letzten 20 Jahre weist aus, daß sich in einem Zeitraum, in dem sich das BSP der meisten Industrieländer verdoppelt hat, der Anteil der Entwicklungshilfe am BSP etwa halbierte.
6. Daher wird es nötig, daß Politik selbstbewußte Wachstumsentscheidungen trifft. Beispiele: Wie soll Wachstum im Energiesektor prioritär stattfinden?
   a) Durch bessere Nutzung vorhandener Energien?
   b) Durch Energiegewinnung aus regenerierbaren Quellen?
   c) Durch Deckung eines rasch wachsenden Energieverbrauchs durch Großtechnik (KKW)?

   Im Verkehrssektor:
   a) Durch Modernisierung der Bundesbahn? Durch Einrichtungen für Verlagerung von Gütern auf die Schiene? Durch öffentlichen Personennahverkehr?
   b) Durch neue Autobahnen mit entsprechenden Zubringern auf neuen Trassen? Durch Verstärkung des Luftverkehrs? Durch Ausbau von Flughäfen?

   Vergleichbare Entscheidungen sind z. B. nötig für
   - die Landwirtschaft
   - das Gesundheitswesen
   - die Städteplanung
   - die Medien (Kabelfernsehen!)
7. Politische Wachstumsentscheidungen setzen oft schon bei der Forschung an. Dabei war Forschungspolitik lange Zeit nur Zubringerarbeit für Konzerne (das Forschungsministerium begann als Atomministerium).

   Kriterium von Forschungspolitik kann nur die Lebensqualität sein. (Was bedeutet für Arbeitnehmer die Arbeit am Bildschirm? Welche Wirkungen hat das Kabelfernsehen? Wie kann der Mißbrauch von Genmanipulation verhindert werden?)
8. Für politische Wachstumsentscheidungen bedarf es in den meisten Fällen keiner neuen Instrumente.

   Fast alle notwendigen Entscheidungen lassen sich mit den heute vorhandenen Instrumenten treffen und durchsetzen (Etats der öffentlichen Hände bei Gesundheitswesen und Verkehrswesen, Genehmigung von Kraftwerken in Energiepolitik, Länderkompetenz für Medien etc.).

Der Widerstand der betroffenen mächtigen Interessenten ist in jedem Fall zu erwarten. Nicht der Mangel an Instrumenten, sondern der Mangel an Konzeption und an Durchsetzungsvermögen erschwert Wachstumsentscheidungen.

9. Beschränkt sich Politik darauf, das Tempo des Wachstums zu beeinflussen (Wachstumsziele in Prozenten), so überläßt sie automatisch Inhalt und Richtung von Wachstum den Konzernentscheidungen. Wo es um Prozente geht, ist jedes Wachstum willkommen.

Wer nur Quantitäten will, entscheidet damit indirekt auch über die Qualitäten. Wer nur Quantitäten ansteuert, programmiert (höchst fragwürdige) Qualitäten.

10. Wer Wachstumsentscheidungen trifft, bestimmt die Entwicklungsrichtung unserer Gesellschaft.

Verzichtet die Politik (Gesetzgeber, Executive) auf solche Entscheidungen, so dankt sie ab.

Hier liegt einer der Gründe dafür, daß junge Menschen sich von den etablierten Parteien fernhalten.

Die 80er Jahre werden vom Kampf um Wachstumsentscheidungen bestimmt sein.

Entweder bestimmt die Politik das Wachstum oder das Wachstum die Politik.

Bericht über Arbeitsgruppe III: Bestimmt die Politik das Wachstum oder das Wachstum die Politik?

Uns lag nur das Thesenpapier von Erhard Eppler vor. Wir haben daran keine redaktionelle Arbeit getan, wir haben auch keine Abstimmungen durchgeführt. Wir hatten aber eine sehr intensive Diskussion, getränkt mit vielen Appellen, nicht zu resignieren bei diesem Thema.

Wir haben dann natürlich – wie das in Deutschland so üblich ist – kräftig an Begriffen geschliffen und uns um das Wort Wachstum verdient gemacht: wir haben dazu erst einmal festgestellt, daß es nicht ratsam ist, dieses schwierige, schillernde Wort einfach zu ersetzen – durch das Wort »Entwicklung« beispielsweise. Dann haben wir auch

Einigkeit dahingehend erzielt, daß es ein Begriff ist, der tatsächlich unendlich schwer zu definieren und zu messen ist. So trägt beispielsweise die Ausbildung eines Kindes im Kindergarten rein ökonomisch zum Wachstum bei, es kommt statistisch vor, während die Ausbildung des Kindes im elterlichen Hause eben nicht in gleicher Weise zum Wachstum beiträgt. Wir kamen auch zu der Einsicht, daß Kaufkraftverluste auch dann und dort denkbar sind, wo es Wachstum gibt: wenn dieses Wachstum in eine bestimmte, negative Richtung geht, obwohl es statistisch steigt, kann es geschehen, daß der Bürger effektiv einen Kaufkraftverlust hinnehmen muß. Grundtenor der Definition von »Wachstum« war immer wieder, daß gesagt wurde: Entscheidend ist nicht die Frage des »Ob«, entscheidend ist die Frage der Richtung, die Frage: Was ist die richtige Richtung für Wachstum?

Der nächste Schwerpunkt der Diskussion ging um die Frage: »Wer definiert denn Wachstum unter uns, wer bedingt Wachstum, wer bestimmt die Richtung von Wachstum, wer bestimmt die Entwicklungsgeschwindigkeit von Wachstum?« Dabei wurde hervorgehoben, daß man nicht zu stark oder nicht alleine auf die multinationalen Konzerne starren darf; es gibt auch die kleineren Unternehmer, es gibt den Verbraucher, der sich über den Markt in die Richtungsdiskussion um Wachstum einschaltet. Es wurde gesagt: Die Gewerkschaften haben hier eine ganz besondere Rolle, aber gerade hier gab es auch recht kontroverse Diskussionsansätze, es wurde also auch vieles zur Verteidigung des gewerkschaftlichen Verhaltens gesagt.

Mein Eindruck war, daß auf jeden Fall unwidersprochen blieb, daß die multinationalen Konzerne Werte, Leitbilder verbreiten, die mehr sind als nur Konsumleitbilder; daß sie »Lebensleitbilder« verbreiten.

Der nach dem Wachstum meistdiskutierte Begriff war der der Bewußtseinsveränderung, war die Frage, was wir tun können auf diesem Gebiet. Und hier liegt ja auch die Antwort auf die gestellte Arbeitsgruppenfrage, ob nun die Politik das Wachstum oder das Wachstum die Politik bestimme. Es wurde immer wieder hervorgehoben – und das ist wohl der resignative Unterton gewesen –, daß wohl doch das Bewußtsein hinter den Entwicklungen hinterherhinke. Es wurde aber auch gesagt, daß es ganz erstaunliche Entwicklungen im Blick auf das Bewußtsein gibt; leider reichte uns die Zeit nicht, genauer herauszuarbeiten, wo nun die Strukturen und die Bedingungsgefüge sind, warum auf manchen Gebieten sich Bewußtsein so schnell verändert, obwohl es auf anderen Gebieten zu stagnieren scheint, gar rückläufig ist oder jedenfalls den notwendigen Entwicklungen hinterherhinkt.

In diesem Zusammenhang ist dann immer wieder die Bitte geäußert worden, daß man stärker ins Konkrete gehen solle, mehr praktikable Vorschläge unterbreiten solle, wie man diese notwendige Veränderung des Bewußtseins anregen kann. Und in diesem Zusammenhang ist darauf hingewiesen worden, daß man den Wert des Vorbildes nicht unterschätzen dürfe, seine lernpsychologische Funktion. Das Fahrradfahren könne sich beispielsweise leichter durchsetzen, wenn die richtigen Leitfiguren auf das Fahrrad stiegen.

Erhard Eppler hat in diesem Zusammenhang darauf hingewiesen, daß die sogenannte »Inseltheorie« falsch sei. Er sagte, auch diese Ausnahme habe einen Wert, auch wenn es nur ein Bundesland, ein Staat, eine Gemeinde, ein einzelner sei. Er hat auf den interessanten Fall neuer Verkehrskonzepte im Hohenlohe-Kreis hingewiesen. Als dann das Drängen nach Vorschlägen immer stärker wurde, legte Erhard Eppler eine Art von Vier-Stufen-Plan vor. Ich möchte ihn kurz wiedergeben:

1. Schritt: Handeln im persönlichen Lebensbereich. Unendlich viel sei möglich, jenseits der Diktatur der Konsumgesellschaft.

2. Schritt: Zusammenschluß der Gruppe. Hier verwies Erhard Eppler auf ein Beispiel gemeinschaftlichen Handelns in seiner Heimatgemeinde, wo gerade eine Schnellstraße gebaut werden soll, wo aber gemeinschaftliche Aktionen dagegen Erfolg zu haben beginnen.

3. Schritt: Das Handeln des einzelnen in der Gruppe und in seinem eigenen Lebensbereich und dessen Umsetzung in das Leben der gesellschaftlich großen Gruppen hinein. Die Frage also, wie kann man das eigene Handeln und das der Gruppe mit einem Transmissionsriemen in die großen gesellschaftlichen Gruppen hineinfüttern? Es habe z. B. keinen Sinn, z. B. nur seinen Fleischkonsum einzuschränken; die Mißstände auf dem Gebiet des EG-Agrarsektors müßten kollektiv in die Großgruppen hineingegeben werden, um von dort her aufgehoben oder eingeschränkt zu werden.

4. Schritt: Es stellt sich die Machtfrage, und in diesem Zusammenhang die Bündnisfrage; er wies daraufhin, daß auch die Gewerkschaften lernen müssen, daß die ökologische Problematik gerade den Arbeiter betreffe, mehr als die Ministerialratsehefrau; denn die kann sich durch den Einkauf im Reformhaus z. B. von vergiftetem Salat loskaufen, aber die Ehefrau des Arbeiters vielleicht nicht. Er wies schließlich daraufhin, daß die multinationalen Konzerne nicht mit 5 % der Stimmen und auch nicht gegen die organisierte Arbeiterschaft bekämpft werden könnten.

Nach diesem Vier-Stufen-Vorschlag von Eppler kamen dann noch einige wichtige Hinweise auf praktische Vorschläge für unser Verhalten. Es wurde u. a. auf das Beispiel Schwedens hingewiesen, wo es eben umsetzbar war, den Benzinpreis zu erhöhen und gleichzeitig die Kosten für die Bahnfahrten zu senken. Bei schnell wachsenden Bodenpreisen um die Ballungszentren könne man durch entsprechende steuerliche Modelle gegensteuern. Das sei ein Problem der politischen Umsetzung.

Dies führte zu dem Punkt »Arbeit im bewußtseinsbildenden Bereich« zurück. Es wurde gesagt, angesichts der Diskussion der letzten Jahre fehle es uns nicht so sehr an Konzepten und Modellen, es fehle uns mehr an der Intensität des Willens und an Erfahrungen, wie man Bewußtsein verändern kann.

Christian Wilmsen

Arbeitsgruppe IV: Was können wir für den Frieden tun? – Der Rüstungswettlauf ist kein Naturgesetz

Vorbemerkung: Zur Thematik der Arbeitsgruppe IV lagen insgesamt drei Papiere vor:

1. Diskussionsthesen für die Arbeitsgruppe IV
2. Der Entwurf einer Erklärung »Deutsche Friedenspolitik 1980« (der in der Gruppe diskutiert wurde und auf Grund dieser Diskussion in der jetzt hier vorgelegten Form redigiert und der Presse übergeben wurde, ebenso die Stellungnahme zum Nachrüstungsbeschluß der NATO).
3. Der im Auftrag des Trägerkreises der Gustav-Heinemann-Initiative ausgearbeitete »Vorschlag zur rechtlichen Neuregelung des Kriegsdienstverweigerungsverfahrens« der hier ebenfalls abgedruckt wird.

A. Diskussionsthesen für die Arbeitsgruppe IV, 1: Der Rüstungswettlauf ist kein Naturgesetz

Die Afghanistan-Krise erinnert mit aller Deutlichkeit an die besondere Situation der Bundesrepublik. An der Nahtstelle zwischen Ost und West müssen wir ein vitales Interesse an der Erhaltung des Friedens haben. Jeder größere europäische Krieg würde uns zuerst treffen und unser Land vernichten. Deshalb geben wir die folgenden Thesen zu Rüstung (A) und Abrüstung (B) zu bedenken:

A. Mehr Rüstung gibt nicht mehr Sicherheit, sondern bedroht unser Leben auf vielfache Weise

1. Die hochgerüsteten Staaten verhindern nicht Krieg überhaupt, wie die über 100 Kriege seit 1945 zeigen. Sie erreichen allenfalls, daß Kriege zuerst an anderem Ort ausbrechen, nicht an der eigenen Grenze. Wenn ein solcher Krieg außer Kontrolle gerät, wird alles zerstört, was die Rüstung schützen sollte. Wie nahe die Gefahr oft ist, zeigen Krisen wie Korea, Kuba, Vietnam, Angola, Afghanistan.

2. Der moderne Krieg bedroht im Falle des großen Konflikts das Leben der gesamten Menschheit, mindestens vieler Millionen Menschen. Deshalb muß die Rüstung durch aktive Friedenspolitik abgelöst werden.
3. Die Rüstungskosten von jährlich über 850 Milliarden DM (fast 50 Milliarden DM in der Bundesrepublik, 800 DM pro Einwohner im Jahr) verhindern wirksame Hilfe für die Dritte Welt. Sie lassen den Nord-Süd-Gegensatz immer gefährlicher werden. Wenn die Menschen der Dritten Welt nur noch vor der Wahl zwischen Verhungern und Krieg gegen die reichen Nationen stehen, funktioniert keine Abschreckung mehr. Dann wird Krieg nicht zu verhindern sein. Die Rüstungsausgaben müssen verringert, die Hilfe für die Dritte Welt muß verstärkt werden.
4. Die Rüstungskosten sind verlorenes Geld. Rüstung schafft im Gegensatz zur zivilen Produktion keine Produkte, die wirtschaftliche Vorteile bringen. Sie verschwendet Ressourcen, belastet unsere Umwelt und entzieht das benötigte Kapital anderen Aufgaben.
5. Selbst wenn in Einzelfällen durch Staatsaufträge kurzfristig wirtschaftliche Krisen überbrückt werden können, darf man die Belastungen und Gefahren nicht unterschätzen. Auch Rüstungsexport ist nicht als wirtschaftlicher Gewinn zu werten, sondern als Gefahr. Er erhöht die Kriegsgefahr an anderen Orten.
6. Die Rüstungsindustrie hat eigene Gewinninteressen, für die sie angesichts der besonderen Chancen – Staatsaufträge ohne übliche Konkurrenz – massiv Einfluß nimmt. Damit hierfür nicht die Sorge um die Arbeitsplätze mißbraucht werden kann, muß die Umstellung auf zivile Produktion stets mitbedacht und geplant werden.
7. Zur Begründung der Rüstungskosten vor den Steuerzahlern und der Dienstpflichten vor den Wehrpflichtigen müssen Feindbilder und ideologische Unterschiede betont und Krisen hochgespielt werden. Das so entstehende Klima verhindert Abrüstung und gefährdet den Frieden durch Mißtrauen und Feindschaft.
8. Deutsche Rüstung ist gegenüber den Nachbarn mit besonderen Hypotheken belastet, die ein zusätzliches Sicherheitsrisiko bedeuten. Ganz besonders gilt das für die Staaten, die im 2. Weltkrieg die schwersten Verluste hatten.
9. Gleichgewicht der Abschreckung als Ziel der Rüstung ist fraglich: Einerseits ist dieses Gleichgewicht labil und stets durch technische Neuentwicklungen wie durch politische Veränderungen gefährdet. Andererseits kann kein Staat allein so stark sein wie seine Nachbarn zusammen, auch kein Bündnis. Versucht man es doch, treibt das die Rüstungsspirale ständig weiter. Letztes Beispiel: Der »Nachrüstungsbeschluß« der NATO.
10. Das Rüstungsgleichgewicht wird ad absurdum geführt, wenn es sogar auf das Gleichgewicht des mehrfachen »Overkill« (Fähigkeit

zur völligen Vernichtung des Gegners einschließlich aller Frauen, Kinder und sonstigen »Beschützten«) angewandt und das Leben der gesamten Menschheit bedroht wird.

11. Der Rüstungswettlauf zwingt zu einseitigem und rücksichtslosem Einsatz modernster Technologie und Forschung. Damit werden materiell und geistig falsche Prioritäten gesetzt. Gezielte friedliche Forschung würde bei gleichem Aufwand sinnvolleres leisten.
12. Das Mißtrauen, das hinter aller Rüstung stehen muß, zwingt zu Geheimhaltungsmaßnahmen, die demokratische Kontrolle erschweren, wenn nicht verhindern. Rechte und Freiheiten der Bürger geraten in Gefahr, Unrecht kann vertuscht werden.
13. Militärische Gesichtspunkte verführen zur Zusammenarbeit mit Staaten, deren Unrechtscharakter eigentlich jedes Bündnis verbietet (Südafrika, Südkorea).
14. Rüstung hilft nicht, wenn Mißstände und Unrecht Handhaben zum militärischen Eingreifen bieten.
15. Wenn man einen ideologischen Streit durch Rüstung und militärisches Eingreifen entscheiden will, kann man ihn gerade dadurch verlieren, daß politischer Anspruch und machtpolitische Kriegswirklichkeit nicht mehr auf einen Nenner zu bringen sind (Vietnam, Afghanistan).
16. Die politischen Ideologien in Ost und West leiden in der Praxis an Schwächen, die durch Rüstung verschlimmert werden.
17. Die Orientierung an Befehlsstrukturen, die im Krieg nötig sind, macht Militär schon im Frieden zu einer Gefahr für kritisches Mitdenken, demokratische Mitverantwortung und Bürgerfreiheit. Diese Gefahr wird durch weitere Rüstung ständig verstärkt.

B. Mit Recht fordern die Vereinten Nationen, die Kirchen und die Dritte Welt radikale Abrüstung.

1. Abrüstung ist etwas anderes als Rüstungssteuerung, wie sie derzeit versucht wird (ständig gefährdet durch das Mißtrauen, das gegnerische Rüstung trotzdem hervorruft). Rüstungssteuerung kann aber als Anfang vertrauensbildender Maßnahmen und als Hinweis auf das notwendige Ziel umfassender Abrüstung ein Anfang sein.
2. Bereits Rüstungssteuerung, erst recht wirkliche Abrüstung setzt voraus, daß ständige Zusammenarbeit verantwortlicher Abrüstungsbeauftragter und diplomatisches Krisenmanagement im Stab der Vereinten Nationen wie in allen Regierungen und den Stäben aller Bündnisse einen festen Platz und hohen Rang haben. Sie müssen unabhängig von Wahlterminen und wechselnden Spitzenpolitikern arbeitsfähig sein.
3. Bestehende internationale Kontakte der Staaten müssen gerade in Krisenzeiten verstärkt werden, damit Spannungen an einzelnen

Stellen nicht ausgeweitet werden. Nur weil Spannungen und Entspannungen seit Jahren »teilbar« und begrenzt gehalten wurden, gab es auch bei ernsten Krisen keinen großen Krieg.

4. Die Zukunft der Menschheit hängt ab von der Lösung der Aufgabe, Konflikte nicht mehr mit militärischen Mitteln, sondern auf friedlichem Wege auszutragen, wie heute schon bei innerstaatlichen Konflikten (z. B. durch Wahlen, Protest, Demonstration, Streik, Boykott etc.).
5. Ansätze zu zwischenstaatlichen Konfliktregelungen sind auszubauen;
   - internationale Verträge und Konventionen (weltweit wie regional);
   - internationale Schiedsgerichtsbarkeit
   - zwischenstaatliche Institutionen und Organisationen
   - vor allem sind die UNO, ihr Stab und ihre Unterorganisationen zu stärken.
6. Parteien und Institutionen aller Art, die über internationale Kontakte verfügen, können ein wichtiges Gegengewicht gegen die widerstreitenden staatlichen Interessen bilden. Sie müssen vermitteln und Mißtrauen zwischen den Staaten abbauen.
7. Die Bürgerrechtsbewegungen in aller Welt ermutigen darüber hinaus zu der Überlegung, wie militärische Verteidigung durch vorbereiteten organisierten sozialen Widerstand abgelöst werden kann. Wer nicht mehr auf die Mord- und Selbstmorddrohung der Abschreckung angewiesen ist, kann gelassener und besonnener reagieren.
8. Große Bedeutung kommt der internationalen Berichterstattung zu, überhaupt dem Verhalten der Medien. Es ist unverantwortlich, Krisen aufzubauschen. Die häufige Praxis, durch gezielte Teil- oder gar Fehlinformationen Mißtrauen und Feindschaft zu schaffen, darf nicht kritiklos hingenommen werden. Interessen und Verhalten anderer müssen ernsthaft und mit Verständnis gewürdigt werden.
9. Jeder einzelne kann allein und in den Institutionen, in denen er mitarbeitet, dazu beitragen, den Teufelskreis der Rüstungsspirale anzuhalten und zurückzudrehen. Er kann
   - die Angst des anderen ernstnehmen
   - die Verteufelung des Gegners aufgeben
   - lernen, sich in andere hineinzuversetzen
   - üben, Propaganda (vor allem eigene) zu durchschauen
   - Friedensforschung unterstützen
   - kurzsichtigen Vorteilen, die den Rüstungswettlauf anheizen, widerstehen
   - sich vor Überreaktionen in Krisenzeiten hüten und besonnene Politikter unterstützen
   - Zukunftsperspektiven langfristig verwirklichen helfen
   - die Politik des eigenen Landes kritisch mitgestalten

- die Öffentlichkeit aufklären
- im Wahlkampf Parteien und ihre Kandidaten entsprechend befragen und beurteilen
- dem Griff der Mächtigen nach den Medien widerstehen
- Erziehung auf Frieden hin ausrichten
- das Gespräch mit Andersdenkenden nicht abreißen lassen
- Kriegsdienstverweigerer, Friedensdienste, Abrüstungsinitiativen unterstützen
- zur Stärkung der Vereinten Nationen den Verzicht auf überzogene Souveränität (und Blockbildung) der Einzelstaaten fordern
- jede direkte und indirekte Förderung von Aggressivität bekämpfen
- und vieles andere mehr; denn diese Liste ist nie abgeschlossen

B. Bericht über die Arbeitsgruppe 4, 1: Der Rüstungswettlauf ist kein Naturgesetz

Wir haben in der Arbeitsgruppe 4 zwei Papiere vorliegen gehabt. Diese beiden Papiere verfolgten verschiedene Ziele. Wir haben uns daher auch in der Gruppe geteilt. Unser »Bremer« Papier wollte mehr Grundsätzliches darlegen. Das »Hamburger« Papier wollte direkter zur augenblicklichen politischen Situation sprechen (S. 63).

Wir haben in unserer Gruppe das Bremer Papier im großen und ganzen für gut befunden. Wir haben es an einigen Punkten ergänzt. Ich will der Reihe nach berichten.

1. In der Einleitung ist kurz von Afghanistan die Rede. Wir meinten, es solle bei dieser kurzen Erwähnung bleiben, denn eine genauere Konkretisierung des Problems sei dem anderen Papier vorbehalten.
2. Wir wollten aber eventuell eine medienkritische Vorbemerkung hier eingefügt wissen.
3. Die Überschrift zu A führte dann zu der Grundsatzdiskussion. Hier steht: »Mehr Rüstung gibt nicht mehr Sicherheit, sondern bedroht unser Leben auf vielfache Weise«. Dagegen wurde von mehreren Teilnehmern gesetzt: Rüstung gibt nicht Sicherheit. In der Sache neigte die Gruppe zu dieser apodiktischeren Aussage; doch die Chancen, gehört zu werden, hielt man für größer, wenn das »Mehr« stehen bleiben würde. Darüber gab es aber keine Eindeutigkeit.
4. Einig waren wir uns darüber, daß der nächste Satz ergänzt werden sollte; etwa durch die Formulierung: »Die hochgerüsteten Staaten

und ihre Bündnisse verhindern nicht Krieg überhaupt, wie die über 100 Kriege seit 1945 zeigen«.

5. Es wurde darauf aufmerksam gemacht, daß zwischen Punkt 3 und Punkt 4 ein gewisses Spannungsverhältnis bestehe.
6. In Punkt 7 ist die Rede davon, daß zur Begründung der Rüstungskosten vor den Steuerzahlern Feindbilder und ideologische Unterschiede betont und Krisen hochgespielt werden müßten. Es wurde hinzugefügt, daß andererseits innerhalb von Staaten und von Bündnissen wichtige Streitfragen, die anliegen, zugunsten eines Bekenntnisses zu gemeinsamer Rüstung nicht ausgetragen würden, und daß dies ebenfalls schädlich sei.
7. Zu Punkt 11 wäre zu sagen, daß gezielte friedliche Forschung – bei gleichem Aufwand – nicht nur Sinnvolleres als Rüstung zu leisten hat, sondern schlechthin Sinnvolles zu leisten hat.
8. Punkt 13 sei zu ergänzen. Da steht jetzt nur, daß militärische Gesichtspunkte zur Zusammenarbeit mit Staaten verführen, deren Unrechtscharakter eigentlich jedes Bündnis verbietet. Man müßte nun auch hinzufügen: Bündnisrücksichten führen zu problematischen politischen Entscheidungen.
9. Punkt 14 müßte besonders konkretisiert werden. Er ist zu kurz und auch mißverständlich formuliert. Gemeint ist der Gedanke: ›Rüstung hilft nicht auf Dauer, wenn Mißstände und Unrecht mächtigen Nachbarn Handhaben zum militärischen Eingreifen bieten‹. Doch ist dieser Gedanke nicht voll durchdiskutiert worden.
   Wir haben uns dann mit dem Teil B beschäftigt. Auch da wurde die Überschrift problematisiert, in der ganz allgemein davon die Rede ist, daß die Vereinten Nationen, die Kirchen und die Dritte Welt radikal Abrüstung fordern. Obwohl entsprechende Erklärungen vorliegen, wäre es doch besser, dies etwas präziser zu sagen, also nicht mehr von »den Kirchen« zu sprechen, da es ja auch Landeskirchen gibt, die keineswegs in dieser Linie stehen. Man könnte vielleicht so formulieren: »Mit Recht fordern die Vollversammlungen der Vereinten Nationen, der Weltrat der Kirchen und Staaten der Dritten Welt radikale Abrüstung.«
10. Zu B 5 wäre zu ergänzen: »Ansätze zu zwischenstaatlichen Konfliktregelungen sind auszubauen«. Erwähnt sind im Papier die UNO, ihr Stab und ihre Unterorganisationen. Bei uns wurde ausdrücklich gefordert: »Auch die Machtmittel der UNO sind zu ergänzen.« Die meiste Zeit haben wir auf den – ohnehin schon langen – Punkt B 9 verwandt. Wir meinten übereinstimmend, daß noch stärker konkrete Einzelheiten genannt werden müßten. Die Einleitung in dem Punkt 9 heißt ja; »Jeder einzelne kann allein und in den Institutionen, in denen er mitarbeitet, dazu beitragen, den Teufelskreis der Rüstungsspirale anzuhalten und zurückzudrehen. Er kann ...« und dann kommen die 17 Punkte. Dieser Katalog wäre zu ergänzen:

Jeder einzelne kann es wagen, die eigenen Ängste auszusprechen und zu begründen;

er kann sich kritisch bewußt machen, wie weit auch er in der Sprache der Rüstungsbefürworter befangen ist;

er kann sich, angesichts der Ohnmacht des einzelnen, mit anderen gegenseitig im Friedenswillen stützen;

er kann fordern, daß die eigene Seite den Mut findet, in der Abrüstung voranzugehen;

er kann überall für die Ratifizierung von Salt II eintreten;

er kann fordern, daß das Bruttosozialprodukt gerechter und damit umverteilt wird;

er kann erwägen, ob nicht ein Steuerstreik in bezug auf Rüstungsgelder gewagt werden sollte.

Zum Punkt »Erziehung auf Frieden ausrichten« wurde vorgeschlagen, ob man nicht das Stichwort »Kriegsspielzeug« hier anführen und ob man nicht ausdrücklich von »Friedenspädagogik« sprechen müßte, von der Lernaufgabe, sich Konflikte bewußt zu machen und friedlich auszutragen.

Und schließlich habe ich mir noch aufgeschrieben: Jeder einzelne kann erkennen und verbreiten, daß Sicherheit nicht nur die eigene Sicherheit meinen kann, sondern die des Gegners einschließen muß, wenn sie diese Bezeichnung wirklich verdienen soll.

Sie sehen, daß wir die Frage »Rüstungswettlauf – ein Naturgesetz?« nicht ausdrücklich beantwortet haben, aber in der Vielzahl der Vorschläge wird deutlich, daß wir in der Gruppe zur Resignation nicht geneigt haben. Diether Koch

Arbeitsgruppe IV, 2: Deutsche Friedenspolitik 1980

Die Krise um Afghanistan, Iran und Israel sowie das gesteigerte Wettrüsten in der Welt haben uns erneut zweierlei zum Bewußtsein gebracht:

- wie gefährdet der heutige sogenannte Weltfriede tatsächlich ist;
- daß gerade wir Deutsche in der Bundesrepublik und in der DDR – an der Nahtstelle zwischen Ost und West – nicht nur ein vitales Interesse an der Erhaltung des Nicht-Krieges haben, vielmehr, vor dem besonderen Hintergrund unserer deutschen Geschichte, uns mit

len Kräften für eine zukunftweisende Friedenspolitik einsetzen müssen.

Die Möglichkeit von Krieg oder Frieden hat nicht nur mit den realen Machtverhältnissen, sondern auch sehr viel mit den Überzeugungen und Vorstellungen von Krieg und Frieden zu tun, die in unserer Bevölkerung lebendig sind und gefördert werden. Dieser Tatsache gelten die folgenden grundsätzlichen Überlegungen.

1.

Trotz allseitiger Beteuerung, daß der Krieg kein Mittel der Politik mehr sein könne, wird unser politisches Bewußtsein nach wie vor weitaus stärker auf den möglichen »Ernstfall« als auf den möglichen Frieden eingestellt.

Demgegenüber erklären wir:

Der Erste Weltkrieg hat 8 Millionen Menschen das Leben gekostet. Der Zweite Weltkrieg kostete über fünfzig Millionen Menschen das Leben. Ein dritter Weltkrieg mit dem Hauptschauplatz Europa könnte hunderte von Millionen Menschen töten, wenn nicht gar alles Leben auf der Erde vernichten. Daher können weder im Angriffskrieg noch im Verteidigungsfall die Güter, die wir für bewahrenswert halten, wirksam geschützt werden. So bleibt uns nur der Weg, auch das Rechnen mit dem militärischen Verteidigungsfall zu überwinden und alle geistigen, sozialen und wirtschaftlichen Kräfte auf die Möglichkeit einer gewaltfreien, sozialen Verteidigung und einer wirklichen Friedensordnung auszurichten.

2.

Dem steht bei uns eine schleichende Militarisierung des Bewußtseins entgegen. Wieder werden – teils versteckt, teils offen – Gewalt und Krieg als Mittel zur Lösung zwischenstaatlicher Konflikte propagiert. Es fehlt jede konsequente Vorbereitung auf den »Ernstfall des Friedens«.

Demgegenüber erklären wir:

Den Frieden werden wir auf Dauer nur sichern können, wenn wir die Entmilitarisierung unseres Fühlens, Wollens und Denkens auf allen Gebieten vorantreiben.

3.

Unser verteidigungspolitisches Denken und Verhalten beruht noch immer auf der Doktrin, daß uns mehr Rüstung auch mehr Sicherheit gibt. Es wird alles getan – z. B. von Regierung, Parteien, Medien, Interessengruppen –, um diese Vorstellung in unserer Bevölkerung aufrecht zu erhalten. Alternative Denkansätze werden als »Traumtänzerei« bezeichnet.

Demgegenüber erklären wir:

Ein sachlicher Zusammenhang zwischen Rüstungsvermehrung und

erhöhter Friedenssicherung besteht nicht. Vielmehr beruht das Streben nach dem vermeintlichen »Gleichgewicht der Abschreckung« auf einer gefährlichen Illusion; denn vermehrte Rüstung erhöht das Kriegsrisiko, und die Politik der Abschreckung wird eines Tages versagen. Auch vermehrter Zivilschutz kann uns nicht wirklich schützen, sondern schafft nur Scheinberuhigung.

4.

Das Hauptargument, mit dem bei uns alle Zweifel an den Dogmen der westlichen Verteidigungs- und Rüstungspolitik abgetan werden, ist die Behauptung, die Bundesrepublik könne und dürfe sich im Rahmen des westlichen Bündnisses keine Sonderrolle leisten.

Demgegenüber erklären wir:

Es geht nicht um eine Sonderrolle der Bundesrepublik im westlichen Bündnis, sondern es gibt aus historischen Gründen eine spezifische deutsche Verantwortung für den Frieden; diese ist im Rahmen des westlichen Bündnisses zu vertreten.

5.

Nach der bei uns herrschenden Meinung fördern Rüstung und Rüstungsexport das wirtschaftliche Wachstum und damit nicht nur die ökonomische, sondern auch die soziale und politische Stabilität unserer Gesellschaft.

Demgegenüber erklären wir:

Rüstung, die kurzfristig konjunkturelle Vorteile bringen mag, bedroht mittel- und langfristig unsere Lebensgrundlagen: sie verschwendet Ressourcen, belastet unsere Umwelt, entzieht das benötigte Kapital anderen lebensnotwendigen Aufgaben und konzentriert große Teile unserer Kräfte auf zerstörerische Zwecke.

Das Argument einer Sicherung von Arbeitsplätzen durch fortgesetzte Rüstungsanstrengungen ist unrichtig und lenkt von den eigentlichen Problemen ab. Wir fordern lebensfreundliche Beschäftigungsalternativen, z. B. durch konsequenten Umweltschutz.

Die weltweiten Rüstungskosten von jährlich über 850 Milliarden DM verhindern jede wirksame, den Ärmsten der Armen dienende wirtschaftliche Kooperation mit der Dritten Welt. Die Aufrüstung dieser Staaten von außen erzeugt neue Konflikte und verschärft die schon bestehenden internationalen Spannungen.

Darum gibt es keinen Weg von der Konfrontation zur Kooperation, der an einem radikalen Abbau der Rüstungsausgaben vorbeiführte.

Rastatt, im Mai 1980

Stellungnahme der GHI zum Nachrüstungsbeschluß der NATO

»Die sogenannte Nachrüstung, d. h. die Stationierung von Mittelstrekkenraketen mit atomaren Sprengköpfen, die das Gebiet der Sowjetunion erreichen können, auf dem Boden der Bundesrepublik wird damit gerechtfertigt, daß diese Raketen für die Verteidigung der Bundesrepublik erforderlich seien. Die in den letzten Jahren begonnene Umrüstung der auf dem Gebiet der Bundesrepublik stationierten taktischen Atomwaffen auf zielgenaue, sogenannte saubere atomare Sprengköpfe wird – mit Ausnahme der Neutronenbombe – in der Öffentlichkeit kaum diskutiert.

Demgegenüber erklären wir:

Durch beide Maßnahmen wird die militärische Sicherheit der Bundesrepublik verringert und die Gefahr eines atomaren Krieges auf dem Boden der Bundesrepublik erhöht. Es besteht die Gefahr, daß die neuen Atomwaffen gerade darum, weil ihre Wirkung begrenzt und genau kalkulierbar ist, auch bedenkenloser eingesetzt werden. Durch die Umrüstung der in der Bundesrepublik stationierten amerikanischen Streitkräfte auf die neuen Atomwaffen wird der Atomkrieg führbar. Die Stationierung von Mittelstreckenraketen, die das Territorium der Sowjetunion atomar bedrohen, auf dem Boden der Bundesrepublik beschwört die Gefahr eines sowjetischen Präventivschlags herauf. Sie macht also die Bundesrepublik zur Zielscheibe eines sowjetischen Atomangriffs.«

Anmerkung:

Zunächst als Punkt 6 der Erklärung der GHI zur deutschen Friedenspolitik vorgesehen, bei der Schlußredaktion aber aus der Erklärung herausgenommen, weil es sich bei dieser um allgemeine Grundsätze, hier hingegen um eine Stellungnahme zur aktuellen militärpolitischen Situation handelt.

B Bericht über die Arbeitsgruppe IV, 2: Was können wir für den Frieden tun? »Deutsche Friedenspolitik 1980«

Aufgabe der Gruppe war die Diskussion der vorgelegten Thesen zur Friedenspolitik. Ziel war es, das vorgelegte Papier im Blick auf die Veröffentlichung durchzusehen.

Dabei wurden u. a. die folgenden Punkte hervorgehoben oder verdeutlicht:

- Die Vorbemerkung erwähnt jetzt als Krisenorte ausdrücklich außer Afghanistan auch Iran und Israel;
- ausdrücklich wird in der Vorbemerkung auch das gesteigerte Wettrüsten hervorgehoben;
- in Punkt 1 des Papiers wird die besondere Betroffenheit Mitteleuropas verdeutlicht;
- in Punkt 3 wurde konkreter an Beispielen gezeigt, wer daran mitwirkt, daß die Doktrin, mehr Rüstung bringe mehr Sicherheit, zu undifferenziert aufrechterhalten wird ;
- in Punkt 5 wurde deutlicher die Argumentation aufgegriffen und kritisiert, daß Rüstungsindustrie Arbeitsplätze schaffe und bewahre;
- Punkt 6 soll jetzt, im Blick auf Veröffentlichung – als Stellungnahme zum Nachrüstungsbeschluß der Nato publiziert werden, also nicht in der überarbeiteten Fassung von Deutsche Friedenspolitik 1980 enthalten sein.

Vorschlag zur rechtlichen Neuregelung des Kriegsdienstverweigerungsverfahrens

I. Die Notwendigkeit einer Neuregelung

Eine Neuregelung des Rechts der Kriegsdienstverweigerung ist dringend erforderlich. Gewissensprüfung ist in der bisherigen Art und Weise nicht möglich. Die von der Rechtsprechung geforderten Voraussetzungen sind im Tatsächlichen schwer beweisbar. Durch ihren subjektiven und zukünftigen Charakter entziehen sie sich der objektiven Beurteilung:

- Die innere Gewißheit, das Wissen um Gut und Böse, das, was als Gebot unbedingten Sollens empfunden wird, ist als innerliche Gegebenheit der äußeren Beobachtung prinzipiell entzogen. Die Auswirkungen einer solchen innerlichen Bindung auf praktisches Handeln können so unterschiedlich sein, daß sichere Rückschlüsse nicht möglich sind.
- Die Rechtsprechung hat darüber hinaus entschieden, daß eigentliches Kriterium der Anerkennung die schwere Gewissensnot in ei-

nem denkbaren künftigen Kriege wäre, falls man zum Töten mit der Waffe gezwungen würde. Damit wird zusätzlich zum subjektiven Charakter der Gewissensentscheidung eine zukünftige Gewissensnot zur Anerkennungsvoraussetzung gemacht. Zukünftiges ist in der Gegenwart jedoch prinzipiell nicht beweisbar.

– Obwohl Subjektivität und Zukünftigkeit des Gegenstandes eine wirkliche Beweisführung nicht erlauben, liegt die Beweislast für die Anerkennung als Kriegsdienstverweigerer bisher auf seiten desselben; Zweifel gehen zu seinen Lasten.

Vergleichbare Beurteilungen innerlicher Tatbestände gibt es sonst vor allem im Strafrecht. Doch ist hier die Situation dadurch grundlegend anders, daß die Beweislast eben nicht beim Beschuldigten liegt, so daß Zweifel zu seinen Gunsten wirksam werden.

Die tatsächlichen Anhaltspunkte einer Gewissensentscheidung sind auch nach Übersicht über die Rechtsprechungspraxis offensichtlich wenig erfaßbar. Die Übersicht über die Entscheidungen der Verwaltungsgerichte in Nordrhein/Westfalen, die dem Bundesverfassungsgericht im Prozeß vorgelegt wurde, zeigte unterschiedliche Anerkennungsquoten zwischen 17 und 100 Prozent. Auch nach Berichten von anderen Verwaltungsgerichten scheint die Rechtsprechung im Wesentlichen von zwei Vorgaben abhängig zu sein, einerseits von den Vorurteilen der Gerichte, andererseits von dem Auftreten und der Verhaltenssicherheit der Antragsteller. Nur so ist zu erklären, daß in Großstädten die Anerkennungsquoten bei 90 und mehr Prozent aller Verfahren liegen, in Kleinstädten, besonders in Garnisonsstädten dagegen oft unter 50 %, manchmal bis unter 30 % absinkend. Nur so ist auch zu erklären, daß Arbeitersöhne in den Verfahren schlechter abschneiden als die mit Prüfungssituationen besser vertrauten und im Umgang gewandteren Söhne der Mittel- und Oberschicht.

Insgesamt ergibt sich: Das geltende Verfahren ist ungeeignet, die Gewissensentscheidung der Kriegsdienstverweigerer wirklich zu prüfen. Es leistet nicht, was es eigentlich leisten soll, den Schutz der Gewissensfreiheit nach Artikel 4 Grundgesetz. Das belegen inzwischen zahllose Fehlurteile und menschliche Tragödien. Tausende von Kriegsdienstverweigerern sind in ihrer Gewissensnot aus dem Bundesgebiet geflohen. Tausende haben sich gegen formales Recht der Befehlsverweigerung oder der Fahnenflucht schuldig gemacht, um ihrem Gewissen folgen zu können. Die Problematik der bisherigen Prüfungspraxis belegen die zunehmenden KDV-Anträge von bereits früher abgewiesenen Kriegsdienstverweigerern, sowie die zunehmende Bereitschaft, offen gegen das als Unrecht erlebte Wehrrecht zu verstoßen. Wenn so zahlreiche gravierende Fehler und Verstöße vorkommen, reicht die gesetzliche Regelung zum Schutz des Grundrechtes offensichtlich nicht aus. Das geltende Recht genügt damit der Rechtsstaatlichkeit, insbesondere der Gleichheit vor dem Gesetz, nicht mehr, ebensowenig den elementarsten Anforderungen an die Gesetzmäßigkeit der Verwaltung, die Rechtssicherheit des Staatsbürgers und die Gültigkeit der Menschenrechte aus dem Grundgesetz. Der Eindruck staatlicher Willkür ist unvermeidlich. Der Schaden für das Vertrauen in die Rechtsstaatlichkeit unseres Landes ist erheblich.

Diese Analyse wird bestätigt durch die Äußerungen nicht nur der Betroffenen, sondern auch jener Organisationen, die am meisten mit ihnen zu tun haben. Die Kirchen, die größten Organisationen der Beratung und Beistandstätigkeit für Kriegsdienstverweigerer, erklären seit vielen Jahren, daß Gewissensprüfung prinzipiell unmöglich ist. Ihre Stimme hat deshalb besonderes Gewicht, weil gerade in kirchlichen Einrichtungen seit Jahren die meisten Kriegsdienstverweigerer ihren Zivildienst ableisten und deshalb in diesem Bereich ein gutes Wissen von den Kriegsdienstverweigerern vorausgesetzt werden kann. Der Rat der EKD hat sich von seiner Beurteilung auch nicht durch das Urteil vom 13. 4. 1978 abbringen lassen, sondern in seiner Stellungnahme vom 8. 9. 1979 erneut betont, daß eine Gewissensentscheidung sich richterlicher Nachprüfung entzieht. Ähnlich äußerten sich die Vertreter beider Kirchen in der Anhörung des Deutschen Bundestages, Ausschuß für Arbeit und Sozialordnung, am 16. 1. 1980.

Der DGB, dessen Einzelgewerkschaften zum Teil jungen Mitgliedern Beratung oder Rechtsschutz gewähren, fordert ebenfalls die Abschaffung der Prüfungsverfahren.

Die politischen Parteien, die vor allem die Beisitzer für die Prüfungsverfahren vorschlagen, gestehen die Fehlerhaftigkeit und Unzulänglichkeit der Verfahren zu:

SPD(Biermann): »Dieses derzeitige Anerkennungsverfahren hat meines Erachtens deutlich die Schwierigkeiten der praktischen Gewissensprüfung aufgezeigt. Die Gewissensentscheidung ist letztlich ein innerer, ein interner Vorgang. Er entzieht sich meines Erachtens damit naturgemäß der unmittelbaren Kontrolle durch andere. Die Prüfungsgremien waren auf nach außen wirkende Indizien angewiesen. Gute Ausdrucksformen begünstigten einen Antragsteller. Fehlentscheidungen mit uns allen bekannten tragischen Folgen waren bei diesem Verfahren leider unvermeidbar.

Diese bisherige Verfahrensregelung, die allein vom Antragsteller den Nachweis für das Vorliegen einer Gewissensentscheidung forderte, legte die Entscheidung praktisch in das freie Ermessen der Prüfungsgremien. Die Ausübung dieses Ermessens hing dabei weitgehend von der Zusammensetzung des jeweiligen Prüfungsgremiums ab, und das Verfahren war deshalb nach Tag und Ort sehr unterschiedlich im Ausgang.«(Deutscher Bundestag, 7. Wahlperiode, 182. Sitzung am 20. Juni 1975).

FDP (Hölscher): »Meine Damen und Herren, Gewissensentscheidungen sind ein in ihrem Wesensgehalt sehr persönlicher, interner Vorgang, der von außen kaum zugänglich ist und sich daher im allgemeinen einer objektiven Nachprüfung entzieht. Gewissen ist nicht justiziabel, und die jetzigen Verfahren überfordern daher nicht nur die Kriegsdienstverweigerer, sondern selbstverständlich auch die Beisitzer in den Ausschüssen. Auch die höchstrichterliche Rechtsprechung hat es nicht vermocht, eine praktikable Lösung für die Überprüfungen zu finden.« (a. a. O.)

CDU/CSU (Dr. Kraske): »Wir streiten nicht darüber, daß dieses Verfahren erhebliche Mängel hat. Das hindert mich allerdings nicht daran, von dieser Stelle aus für meine Fraktion auch einmal denen unseren aufrichtigen Dank auszusprechen, die sich in den vergangenen Jahren in den Prüfungsausschüssen und -kammern unter höchst schwierigen Umständen redlich bemüht haben, ihrem gesetzlichen Auftrag gerecht zu werden.

Wie gesagt, die bestehenden Mängel lassen sich nicht übersehen. Meine Fraktion hat darauf als erste in diesem Hause in einem förmlichen Antrag hingewiesen. Wir drängen seitdem auf eine Verbesserung und Beschleunigung der Verfahren, und wir haben bei mehreren Gelegenheiten konkrete Vorstellungen dazu entwickelt.« (a. a. O.)

Das Bundesverfassungsgericht hat deshalb in seinem Urteil vom 13. 4. 1978 festgestellt, daß der Gesetzgeber nicht ohne gute Gründe eine Neuregelung des Rechtes der Kriegsdienstverweigerung versucht hat.

II Die Schwierigkeit einer Neuregelung nach dem Urteil des BVerfG vom 13. 4. 1978

1. In dem Urteil vom 13. 4. 1978 (2BvF 1/77, 2/77, 4/77, 5/77) hat der 2. Senat des BVerfG die Neuregelung, die am 1. 8. 1977 in Kraft getreten war, für nichtig erklärt. Maßgebend waren inhaltlich die Sorge um die gleiche Belastung der KDV durch den Ersatzdienst und die prinzipielle Forderung, nur diejenigen vom Wehrdienst freizustellen, die aus Gewissensgründen verweigern. Formal wurde für weite Teile der Neuregelung außerdem festgestellt, daß sie nur mit Zustimmung des Bundesrates zulässig gewesen wären.

Dieses Urteil beruhte maßgeblich auf statistischen Annahmen, die sich inzwischen als falsch herausgestellt haben. Die Angaben der Bundesregierung, auf die das BVerfG sich stützte, waren unrichtig, unvollständig und irreführend. Gelegenheit zur Korrektur seiner Rechtsprechung würde das BVerfG durch ein neues Normenkontrollverfahren erhalten, doch ist ein solches schwer vorstellbar, weil es eine erneute Gesetzgebung gegen das Urteil des BVerfG voraussetzen würde und damit eine offene Auseinandersetzung zwischen Legislative und Justiz über Fehler der Exekutive.

Ob eine Korrektur des Urteils vom 13. 4. 1978 durch das BVerfG auf andere Weise erfolgen kann, ist schwer zu sagen. Man wird wohl davon ausgehen müssen, daß alle Möglichkeiten nur theoretischer Natur sind.

2. Angesichts dieser Situation ist zu fragen, welche Lösungsmöglichkeiten ohne vorherige Korrektur des Urteils vom 13. 4. 1978 bestehen. Bei der Mehrheit des Bundesrates besteht offensichtlich eine große Sorge, jede freiheitlichere Regelung könnte die allgemeine Wehrpflicht gefährden. Deshalb versagt der Bundesrat bisher jeder Erleichterung seine Zustimmung. So ist zu prüfen, ob zunächst eine kleine Lösung möglich ist, die auch nach dem Urteil ohne Zustimmung des Bundesrates gesetzlich geregelt werden kann.

Prüft man die bisherigen Gesetzentwürfe und Vorschläge unter diesem Aspekt, so ist deutlich, daß sich die Neuregelungen zu den §§ 14b und 15a des Zivildienstgesetzes, alle inhaltlichen Veränderungen des Zivildienstes und jede Beteiligung der Länder am Prüfungsverfahren für Kriegsdienstverweigerer von vornherein verbieten, weil diese Regelungen der Zustimmung des Bundesrates mit Sicherheit bedürfen.

Zu prüfen ist also, ob Änderungen allein im Prüfungsverfahren oder auch eine Abschaffung der Prüfungsverfahren möglich sind, die weder der Zustimmung des Bundesrates bedürfen noch vom Bundesverfassungsgericht als verfassungswidrig angesehen werden.

a) Die Zustimmung des Bundesrates ist nach dem Urteil des Bundesverfassungsgerichtes nötig, wenn der Zivildienst dadurch grundlegend verändert wird. Das war nach Ansicht des Bundesverfassungsgerichtes bei dem für nichtig erklärten Gesetz aus mehreren Gründen der Fall. Einmal hing die Anerkennung der Kriegsdienstverweigerung vom Dienstantritt in einem Ersatzdienst ab. Weiter wurde der Zivildienst nach Ansicht des Bundesverfassungsgerichtes zu einer Wahlmöglichkeit, so daß er nach Art und Umfang wesentlich erweitert wurde und sich auch qualitativ änderte.

Diese Bedenken des Bundesverfassungsgerichtes verlangen ohne Zweifel, daß die Anerkennung als Kriegsdienstverweigerer nicht nur an die Ableistung des Zivildienstes oder Fristablauf gebunden wird. Dagegen ergibt eine Überprüfung der Zahlenannahmen des Bundesverfassungsgerichtes, daß quantitative Bedenken nicht gerechtfertigt sind. Die Annahmen des Gerichtes waren teils auf fehlerhafte Angaben der Bundesregierung gestützt, teils beruhten sie – wie sich besonders aus der Begründung der einstweiligen Anordnung vom 7. 12. 1977 ergibt – auf fehlerhaften Berechnungen des Gerichtes selbst. Nach der öffentlichen Diskussion über diese statistischen und Rechenfehler würde das Gericht bei einem neuen Gesetzgebungsverfahren ohne Zweifel die statistischen Angaben und alle darauf gestützten Berechnungen sorgfältig überprüfen und alle unterlaufenen Fehler korrigieren. Dabei würde sich herausstellen, daß es nicht um eine entscheidende Veränderung des Zivildienstes geht. Dann wäre die erneute Zustimmung des Bundesrates über die bereits gegebene zum Zivildienstgesetz in der heutigen Fassung hinaus nicht erforderlich. Es würde also darauf ankommen, in welcher Weise eine Neuregelung der Anerkennungsverfahren für Kriegsdienstverweigerer vorgenommen wird.

b) In der Sache selbst hatte das Bundesverfassungsgericht ebenfalls verfassungsrechtliche Bedenken, weil die vorgesehenen Änderungen nach den Berechnungen des Bundesverfassungsgerichtes die Gleichheit zwischen Wehrdienst und Ersatzdienst verletzten. Das Bundesverfassungsgericht ging von der Annahme aus, daß ein Kriegsdienstverweigerer nach der Neuregelung nicht mit einer Einberufung in gleichem Umfang zu rechnen habe wie ein Wehrpflichtiger bei der Bundeswehr. Auch hier gilt, daß die fehlerhaften Angaben der Bundesregierung und die darauf gestützten Berechnungen des Bundesverfassungsgerichtes die Grundlage für diese Kritik bildeten. Nur im Blick auf die statistisch berechnete ungleiche Belastung der Kriegsdienstverweigerer bei dem gesetzlich nach Artikel 12a, Abs. 2 Grundgesetz möglichen Ersatzdienst schien dem Bundesverfassungsgericht der Gleichheitsartikel des Grundgesetzes (Art. 3) mißachtet. Da der Vertreter des Bundesverteidigungsministeriums Berechnungen bis zu 140000 Kriegsdienstverweigerern pro Jahrgang vorlegte, obwohl vier Monate nach Aussetzung der Prüfungsverfahren, über ein Jahr nach den grundlegenden Beschlüssen zu dieser gesetzlichen Neuregelung kein einziger Geburtsjahrgang auch nur 35000 Kriegsdienstverweigerer zählte, war das Bundesverfassungsgericht zu der falschen Annahme verführt worden, der Zivildienst sei keine »im Verhältnis zur Wehrdienstpflicht auch nur gleichermaßen aktuelle und gleichbelastende Pflicht«. Diese Fehlberechnung bedarf der Korrektur, steht aber einer Neuregelung nicht im Wege, weil auch hier gilt, daß das Bundesverfassungsgericht in einem neuen Verfahren derartige Fehler ohne Zweifel ausräumen würde. Mit Recht haben Kommentatoren sofort nach dem Urteil vom 13. 4. 1978 vermutet, daß bei mehr Zivildienstplätzen zumindest die Verfassungswidrigkeit des neuen Rechtes nicht festgestellt worden wäre.

c) So spitzt sich alles auf die Frage zu, ob es möglich ist, die Forderung des Bundesverfassungsgerichtes aus Leitsatz 4 zu erfüllen, daß bei einem Kriegsdienstverweigerer »zur Überzeugung der zuständigen Behörden hinreichend sicher erkennbar werden (muß), daß die Verweigerung auf einer nach Art. 4, Abs. 3 GG relevanten Gewissensentscheidung beruht«. Da eine Überprüfung durch Änderungen des Zivildienstes aus Gründen der Zustimmungsbedürftigkeit im Bundesrat scheitern müßte, kann es nur darum gehen, das Prüfungsverfahren so zu ändern, daß die Forderung des Bundesverfassungsgerichtes erfüllt wird.

III Lösungsvorschlag:

1. Während bei der bisherigen Regelung der Prüfungsverfahren die eigentliche Schwierigkeit darin liegt, daß prinzipiell nicht Beweisbares vom Kriegsdienstverweigerer bewiesen werden soll, könnte ein Anerkennungsverfahren mit umgekehrter Beweislast diese Problematik be-

seitigen. Die Abwehr offensichtlichen Mißbrauches bliebe weiter möglich, aber das Verfahren würde rechtsstaatlich einwandfrei und den Bedingungen angepaßt, unter denen sonst Glaubens- und Gewissensfreiheit wirksam werden. Von der Glaubwürdigkeit des Bürgers ausgehend, müßte der Staat eine förmliche Erklärung über die Kriegsdienstverweigerung aus Gewissensgründen verlangen. Er könnte sich eine Mißbrauchsprüfung vorbehalten. Eventuelle Zweifel, die trotz der förmlichen Erklärung bleiben könnten, würden durch die Pflicht zur Ableistung eines Ersatzdienstes ausreichend und in Übereinstimmung mit Art. 12a, Abs. 2 GG beantwortet. Damit würde keine Wahlfreiheit zwischen Wehrdienst und Ersatzdienst geschaffen, denn die förmliche Erklärung über die Gewissensentscheidung zur Kriegsdienstverweigerung würde ausdrücklich verlangt und gegebenenfalls überprüft. In verfassungsrechlich zulässiger Weise würden somit Rechtsunsicherheit und Ungleichbehandlung der Kriegsdienstverweigerer beendet und die Gewissensfreiheit der Kriegsdienstverweigerer geschützt. Aus einem Grundrecht, das auf Antrag nach Überprüfung verliehen wird, würde wieder ein Grundrecht im Sinne des Grundgesetzes.

2. Es bleibt die Frage, ob der Zivildienst dadurch entscheidend verändert würde. Daß eine solche Lösung prinzipiell möglich ist, ergibt sich aus den Zahlen, wenn man korrekt rechnet. Im Zivildienst stehen annähernd 45 000 Plätze zur Verfügung. Bekanntlich kommen höchstens drei Viertel aller anerkannten Kriegsdienstverweigerer für die Ableistung des Zivildienstes in Frage. Das hängt ab von Tauglichkeit, Verfügbarkeit, sonstigen gesetzlich geregelten Dienstleistungen. Wenn nicht nur diejenigen, deren Verfahren überhaupt zur Entscheidung kommen, sondern alle Kriegsdienstverweigerer für den Zivildienst berücksichtigt werden sollen, wird diese Prozentzahl notwendigerweise noch sinken, weil dann z. B. die Zahl der allgemein Untauglichen oder derjenigen, die sowieso nicht für eine Einberufung in Frage kommen und deshalb bisher auch keine Entscheidung über ihre Kriegsdienstverweigerung erhalten haben, notwendig überproportional steigt. Versucht man nun genau nachzurechnen, so ergibt sich, daß selbst unter Einbeziehung der Kriegsdienstverweigerer-Erklärungen des Jahres 1977 kein Geburtsjahrgang auch nur 35 000 Kriegsdienstverweigerer zählte. Selbst wenn man eine 50 %ige Erhöhung der Kriegsdienstverweigererzahlen annimmt, reichen die Plätze nach Abzug der Untauglichen und anderer nicht für den Zivildienst verfügbarer Kriegsdienstverweigerer an sich aus. Von dann ca. 50 000 Kriegsdienstverweigerern kämen ca. 30 000 im Laufe eines Jahres für den Zivildienst in Frage, im Laufe von 16 Monaten also etwa 40 000.

3. Problematisch ist jedoch eine Übergangszeit wegen der Umstellung. Die Bundeswehrverwaltung hat z. Zt. einen Überhang von etwa 75 000 laufenden Kriegsdienstverweigererverfahren. Durch zahlreiche Ablehnungen schiebt sie diesen Berg unerledigter Verfahren weiter vor

sich her, obwohl im Zivildienst über ein Drittel aller Plätze unbesetzt ist. Für die Umstellungszeit ist deshalb eine zusätzliche Regelung erforderlich. Einerseits wird es sich empfehlen, eine Übergangszeit vorzusehen, in der die bisherigen Prüfungsverfahren so ausgeweitet werden, daß der Überhang an laufenden Verfahren wenigstens spürbar abgebaut wird. Andererseits ist zu berücksichtigen, daß durch die lange Verfahrensdauer viele Kriegsdienstverweigerer auf längere Zeit für eine Einberufung nicht in Frage kommen, weil sie weitgehend geförderte Ausbildungen in langdauernden Studiengängen geltend machen können. Ebenso haben viele längst geheiratet oder können andere Gründe geltend machen, die eine Einberufung ausschließen. Von den ca. 75 000 laufenden Verfahren sind deshalb höchstens 50 000 Zivildienstleistende zu erwarten. Bei ca. 16 000 offenen Zivildienstplätzen und knapp 30 000 derzeit besetzten Plätzen würde deren Einberufung zum Zivildienst die vorhandenen Plätze zwei Jahre lang blockieren. In dieser Zeit sind jedoch ca. 90 000 neue Kriegsdienstverweigerungsmeldungen aus Jahrgängen, die überhaupt einberufen werden können, zu erwarten, also auch ca. 50–60 000 neue taugliche und verfügbare Zivildienstpflichtige.

Aus den genannten Gründen erscheint eine zeitweilige Erweiterung des Zivildienstes auf 60 000 Zivildienstplätze sinnvoll. Wegen der in wenigen Jahren rasch abnehmenden Größe der zum Wehrdienst und damit auch zum Zivildienst anstehenden Geburtsjahrgänge kommt jedoch eine dauerhafte Ausweitung des Zivildienstes auf keinen Fall in Frage. Sie verbietet sich nicht nur aus verfassungsrechtlichen Gründen, sondern auch von der praktischen Überlegung her, daß die unterschiedlichen Jahrgangsgrößen sonst in kürzester Zeit schwere Lücken reißen würden. Das legt den Ausweg nahe, durch eine großzügige Rückstellungspraxis Zivildienstpflichtige für notwendige soziale Dienste nach dem Ende der geburtenstarken Jahrgänge verfügbar zu behalten, wie es auch die Bundeswehr für Wehrpflichtige vorsieht (Weißbuch 1979, S. 224). Ein gewisser Überhang in der Umstellungszeit wäre also durchaus vertretbar. Wenn solche Rückstellungen auf Antrag der Betroffenen erfolgen, sind auch die mit der späteren Dienstleistung in aller Regel verbundenen größeren persönlichen Belastungen zumutbar und rechtlich vertretbar. Eine zusätzliche zeitweise Erweiterung des Zivildienstes der besonders starken Geburtsjahrgänge ist mit Sicherheit keine grundlegende qualitative Änderung, die die Mitwirkung des Bundesrates verlangen würde.

Aus dem Gesagen ergibt sich somit die Möglichkeit, den Zivildienst im Prinzip unverändert zu lassen und lediglich im § 26 des Wehrpflichtgesetzes die Verfahrensweise zur Anerkennung als Kriegsdienstverweigerer zu ändern. Das könnte in folgender Weise geschehen:

IV Alternativ-Gesetzentwurf zu einer Neuregelung des Rechtes der Gewissensfreiheit für Kriegsdienstverweigerer

§ 26 Wehrpfl. Gesetz wird wie folgt geändert:

Die Inanspruchnahme des Rechts auf Kriegsdienstverweigerung aus Art. 4 Abs. 3 GG in Verbindung mit § 25 Wehrpfl. Ges. bedarf der förmlichen Erklärung.

Abs. 2 erhält folgenden Wortlaut:

Die Erklärung als Kriegsdienstverweigerer aus Gewissensgründen ist in schriftlicher Form oder zur Niederschrift gegenüber dem Kreiswehrersatzamt abzugeben. Die Erklärung soll bis zur Musterung abgegeben werden. Die Erklärung als Kriegsdienstverweigerer aus Gewissensgründen befreit nicht von der Pflicht, sich zur Erfassung zu melden und zur Musterung vorzustellen.

Abs. 3 erhält folgende neue Fassung:

Bestehen nach dem bisherigen Verhalten des Kriegsdienstverweigerers begründete Zweifel an der Glaubwürdigkeit seiner Berufung auf Art. 4, Abs. 3 GG, so kann der Leiter des Kreiswehrersatzamtes den Ausschuß für Kriegsdienstverweigerer anrufen. Dieser Ausschuß erklärt die Inanspruchnahme des Rechts auf Kriegsdienstverweigerung für unbegründet, wenn die Unglaubwürdigkeit durch Tatsachen erwiesen ist. Der Betroffene ist vorher zu hören. Die Entscheidung ist zu begründen.

Abs. 4 erhält folgenden neuen Wortlaut:

Die Ausschüsse für Kriegsdienstverweigerer werden mit einem vom Bundesminister der Verteidigung bestimmten Vorsitzenden, einem Beisitzer, der von der Landesregierung oder der von ihr bestimmten Stelle benannt wird, sowie zwei ehrenamtlichen Beisitzern besetzt. Der Vorsitzende hat im Ausschuß beratende Stimme; er muß zum Richteramt oder zum höheren Verwaltungsdienst befähigt sein. Der benannte Beisitzer muß zum höheren Dienst befähigt sein. Die ehrenamtlichen Beisitzer werden aus der Liste der Jugendschöffen genommen. Die Reihenfolge ihrer Heranziehung wird von dem zuständigen Kreiswehrersatzamt durch das Los bestimmt.

Als Abs. 5 wird eingefügt:

Die Verfahren der Ausschüsse und Kammern werden wie förmliche Verfahren nach VwVerfG §§ 63 ff. durchgeführt.

Die weiteren Absätze 5 bis 8 werden 6 bis 9. In ihnen ist lediglich der Ausdruck Prüfungsausschuß oder Prüfungskammer jeweils durch den Ausdruck Ausschuß oder Kammer zu ersetzen; anstelle von Anträgen ist von Erklärungen zu reden. Dasselbe gilt für die Nomenklatur in § 33 WehrPflG. Dort ist in Abs. 6 einzufügen: Die Beisitzer der Kammern für Kriegsdienstverweigerer sind aus den Listen der Jugendschöffen zu wählen. In § 35 WehrPflG ist der Hinweis auf Prüfungsausschüsse und Prüfungskammern für Kriegsdienstverweigerer zu streichen.

Im Auftrag des Trägerkreises der Gustav-Heinemann-Initiative vorgelegt von

Professor Dr. Jürgen Baumann, Senator a. D.
Ulrich Finckh, Pastor
Dr. jur. Heinz Recken, Richter am BGH

Dieter Lattmann:

Aussteigen als Alternative – Alternativen zum Aussteigen

»Aussteigen als Alternative – Alternativen zum Aussteigen« – dieses Thema habe ich mit Nachdenklichkeit akzeptiert. Ich will zu diesem Thema vierzehn Punkte vortragen und zur Diskussion stellen. Einige davon werde ich knapp erläutern.

1. »Es gibt eine positive Resignation, die politisch nicht locker läßt. Erst wer Niederlagen durchgestanden hat, wird politisch widerstandsfähig.«

2. »Der Enttäuschung zu erliegen, ist das Gegenteil von Politik treiben. Politik ist etwas wie ein Stehaufmännchen. Die Schwierigkeit, politische Ziele mehrheitsfähig zu machen, ist unerschöpflich: das einzig funktionierende Perpetuum Mobile.«

Ich glaube, daß der Gesichtspunkt der Mehrheitsfähigkeit, der ja in der praktischen Politik das Schlüsselwort der Demokratie überhaupt ist, unter den Initiativgruppen speziell der jüngeren Generation, die sich derzeit mit so vehementer Stimme und mit so wichtigen Themen in der Bundesrepublik artikulieren, nicht dringend genug gesehen wird.

3. »Es gibt – und muß geben – zwei Arten von Politikern: die Zeitpolitiker und die Lebenslänglichen. Die einen kommen aus unterschiedlichen Berufen für zwei, drei Legislaturperioden ins Parlament und kehren zurück an die Basis, ohne aus der Partei auszusteigen, die anderen bleiben nach Ziel und Selbstverständnis lebenslänglich dort. Sie sollten nur eine notwendige Minderheit ausmachen, denn Demokratie setzt Wechsel voraus.«

Die Unterscheidung, die ich zwischen den Zeitpolitikern und den lebenslänglichen zu machen empfehle, sieht ja in der konkreten Situation unserer Parlamente von Bund und Ländern so aus, daß wir zu viele lebenslängliche haben und zu wenige Zeitpolitiker. Unter den zu vielen lebenslänglichen gibt es zwei Kategorien: die eine braucht unsere parlamentarische Politik unbedingt. Das sind diejenigen, die in der Regel schon – wie etwa die Generation der jetzt 30- bis 40jährigen im Bundestag – zwischen 20 und 30 begonnen hat, und die von vornherein ansetzt mit einem berechtigten Ehrgeiz und mit einer Vorstellung, die auf das Kabinett zielen. Dies wird absolut gebraucht, und es ist auch nicht zu leisten ohne eine Kontinuität, die zumindest an Lebenslänglichkeit heranreicht.

Das andere Element aber – der Wechsel ins Parlament aus unterschiedlichen Berufen – wird, zumindest, was die selbständigen und städtischen Berufe der Nachdenklichen im Lande angeht, viel zu wenig praktiziert. Es ist für mich heute hier ein Sonderpunkt, daß vor mir hier Freimut Duwe gesprochen hat. Es gab ja im Bundestag auch immer die Überlegung, ob es nicht zusätzlich für den Bundeswahlkreis, den zu vertreten ich mich bemüht habe, noch eine Art imaginären Wahlkreis gab und gibt, nämlich den der Nachdenklichen im Lande, den der schöpferischen und schwierigen Leute; und wenn dies zutrifft, dann ist ja wohl auch zwischen den beiden Referenten des heutigen Tages so eine Art Stafettenwechsel im Gang.

4. »Aussteigen aus der Berufspolitik ist keinesweg gleichbedeutend mit Aussteigen aus dem politischen Engagement. Es muß möglich bleiben, den Schauplatz und die Aufgabe zu verändern und dadurch neue Unabhängigkeit zu gewinnen. Daß der Aktionsradius dadurch wahrscheinlich geringer wird, kann auch Konzentration auf das Wichtigste bedeuten.«

5. »Angesichts der Tatsache, daß über lebenswichtige Zukunftsfragen – z. B. Kernenergie, Umweltpolitik, Qualität der Demokratie, soziale Frage der Welt – mit Sicherheit am 5. Oktober nicht im Sinn einer weltweiten Veränderung entschieden wird, muß es Arbeitsteilung geben: Arbeitsteilung zwischen denen, die in den Parlamenten das derzeit Mehrheitsfähige verwirklichen und den anderen, die dafür arbeiten, an der Basis der Parteien und Gewerkschaften neue Vorstellungen und Konzeptionen mittelfristig mehrheitsfähig zu machen.«

Ich beziehe mich da u. a. auf die 42 % der Bundesdelegiertenstimmen auf dem jüngsten SPD-Parteitag in Berlin, weil – zahlenmäßig gemessen – diese 42 % Delegierten eine Millionenbasis darstellen, weil sie mehr an personalen und wahrscheinlich auch an mehrheitsmöglichen Voraussetzungen als andere politische Gruppierungen bisher in dieser Republik einzubringen haben. Keineswegs etwa, daß ich zu irgendeinem sozialdemokratischen Feudalismus neige, aber ich glaube, daß dies sehr ernstnehmen ist, daß die Aufgabe, von der Basis dieser großen Volkspartei her aus diesen 42 % bis etwa Mitte der 80er Jahre eine tragfähige Mehrheit des Bundesparteitags zu machen, eine Bestrebung ist, die mindestens so wichtig sein kann, wie die Mitwirkung an der parlamentarischen Politik in der Praxis.

6. »Niemand verläßt ungestraft eine politische Massenbasis, der Alternativen politisch durchsetzen will.«

7. »Bonn ist nicht Weimar, aber kann es noch werden. Gegenwärtig kann, wer will, in der Bundesrepublik erfahren, daß Demokratie zum Teil an der Basis besser funktioniert als an der Spitze. Je höher man kommt, um so dünner wird die demokratische Luft. Von oben wird nicht ausreichend abgerufen, was unter Mitgliedern von Parteien, Bürgerinitiativen und Gewerkschaften an Demokratiefähigkeit und Bereitschaft zum Umdenken wenigstens teilweise vorhanden ist. Ähnlich hat es Wilhelm Hoegner in seinem Buch »Flucht vor Hitler« für die Weimarer Republik beschrieben.«

Dazu eine Erinnerung an ein Ereignis vor etwa »100 Jahren«: Es war der erste Oktober 1978, an dem die damaligen vier obersten Präsidenten der Republik auf einem politischen Wochenendseminar der Evangelischen Akademie Tutzing zusammenkamen, also Bundespräsident Walter Scheel, Bundeskanzler Helmut Schmidt, Bundestagspräsident Carstens und der Präsident des Bundesverfassungsgerichts, Benda. Und alle vier haben in erstaunlicher Einmütigkeit behauptet, so gut wie heute sei unsere Demokratie noch nie gewesen. Helmut Schmidt hat sogar hinzugefügt, die Demokratie in der Bundesrepublik sei heute auch besser als vor zehn Jahren. Vor zehn Jahren – damals fing etwas an: die außerparlamentarische Opposition wurde in die Parteien gerufen, man wollte mehr Demokratie wagen.

Im Sinne der Frage nach Alternativen möchte ich diese einmütige Erklärung der vier obersten Präsidenten zum Zustand unserer Demokratie kurz hinterfragen, auch auf den Artikel 38 des Grundgesetzes: Ist denn in dieser Erklärung der Vier, so gut sei die Demokratie nie gewesen bei uns, nicht indirekt das Eingeständnis enthalten, daß dies aus der Perspektive der Regierenden ganz anders aussieht als aus der Perspektive der Regierten? Und wenn es diesen Unterschied gibt: gibt es alternative Politik innerhalb des Mandats? Soll der Abgeordnete nun eigentlich mehr die Regierten vertreten oder die Regierenden? Dies sieht von der Basis eines Wahlkreises sehr anders aus als vom Blickwinkel der Zugehörigkeit zu einer Bundestagfraktion. Dort nämlich, habe ich gelernt, solle man immer die Regierung stützen, weil sie sonst angeblich umfällt.

Jedenfalls wird Demokratie in der Bundesrepublik erst dann alternativ und besser gelingen, wenn – etwa so wie in den britischen Öffentlichkeitsmechanismen – die Bevölkerung unseres Landes es verstehen lernt, daß eine Regierung sehr wohl für ein bestimmtes Gesetz auch einmal in den eigenen Fraktionen keine Mehrheit finden kann; daß diese Regierung dann noch lange nicht stürzt, wenn sie Demokratie in den eigenen Reihen praktiziert.

Dazu noch ein Punkt zum Nachdenken: Auch Freimut Duwe hat darauf hingewiesen, daß vor wenigen Tagen in erster Lesung, bei sehr schmaler Besetzung des Plenums, der § 88a des StGB ersatzlos gestrichen wurde. D. h.: In erster Lesung hat dieser einfache Akt das Plenum passiert und soll noch in zweiter Lesung verabschiedet werden. Was heißt das? Es heißt, daß über dasselbe Gesetz, von dem in der Phase einer überzogenen und massenpsychotisch wirksamen Reaktion auf Terrorismus die Mehrheit des Bundestages einmütig meinte, es sei nötig zum Ziele der Terrorismus-Bekämpfung, heute dieselbe Regierung und die Scharen ihrer Fraktionen erklären: Das hätte man nicht gebraucht, dies war nicht nötig, dies hat sich nicht bewährt. Wenn die dritte Lesung noch zustandekommt, wird es gut sein, wenn ein Mitglied des Parlaments auf die Mechanismen eines solchen Abstimmungsvollzugs unter äußerster öffentlicher Drucksituation, unter Zuhilfenahme von massenpsychologischen Mechanismen, hinweist, auf das Reale, Notwendige, was da im Hintergrund stand. Man könnte an der Situation des 88a vom Januar 76, als er beschlossen wurde, bis zum Juni 80 eine folgenreiche alternative Möglichkeit für parlamentarische Politik ausbilden.

8. »Erst, wenn Wachstumsideologie als Ersatz für Staatsreligion überwunden wird, werden politische Alternativen zum bestehenden Zustand aus der Minderheitsposition herauskommen. Das geschieht voraussichtlich nicht ohne einschneidende weltpolitische Ereignisse in Wirtschaft, Energieversorgung, Währungsgefüge und Arbeitswelt.«

9. »Die politische Lösung in diesen Bereichen ist niemals so rational, wie es die Einsicht in die Notwendigkeit der Veränderung des menschlichen Verhaltens sein kann. Auf eine tragende Emotion ohne Demagogie hinzuarbeiten, erscheint deswegen sinnvoll.«

Ich meine damit den schwierigen Prozeß der Transformation und das Problem der öffentlichen Oberflächlichkeit von Politik. Denn ganz sicher ist allen in diesem Raum, wenn auch nicht allen in der Öffentlichkeit, bewußt, daß die einzelnen fachpolitischen Inhalte viel zu kompliziert sind, um erklärt zu werden in der öffentlichen Debatte im Parlament. Was also tun? Einen sehr komplizierten Inhalt mit Zuhilfenahme der Emotion zu vereinfachen, mit dieser »Emotion unter der Kontrolle demokratischen Bewußtseins«, aber nicht demagogisch, eine Mehrheit zu gewinnen und dann diese Mehrheit zu intelligenter Reform im Sachvollzug zu nutzen – diesen dialektischen Prozeß, der sicherlich meist nur Gegenstand der Aufmerksamkeit einer kritischen Minderheit von Nachdenklichen im Lande sein kann, den meine ich hier mit der Bereitschaft zur Emotion und zu innerparlamentarischer Mobilisierung alternativen Denkens.

10. »Die Frage unserer Zukunftsfähigkeit wird u. a. dadurch entschieden, ob wir Deutschen in der Bundesrepublik ohne Zwang durch eine Katastrophe, also aus vorausschauender Vernunft, von unserem Anspruchswahn und Besitzstandsdenken lassen können. Diese Erkenntnis setzt eher außerparlamentarisch als in den Interessenmechanismen der Parlamente an. Gebraucht wird deswegen eine neue außerparlamentarische Opposition, die die Parteien durchwirkt.«

Es gibt gegenwärtig, wie Sie sicher auch alle denken, in den Bereichen der Wirtschaftspolitik, oder auch in der Politik um Beamtensystem, Beamtenrecht, Beamtenbesoldung, in den parlamentarischen Parteien keine wirkliche Opposition. Hier kann man neu außerparlamentarisch ansetzen, und zwar durch Druck auf die bestehenden Parteien. Wenn wir das Thema zusammennehmen, das von der vierten Arbeitsgruppe heute in zweierlei Untergruppen sehr intensiv diskutiert worden ist, möchte ich die Frage der Sorge um den Frieden in der Welt hier aufgreifen, weil ich das, was die Arbeitsgruppe hier noch vortragen wird, auch unter folgendem Gesichtspunkt beobachte: Ohne Frage hat der Kapitalismus erwiesen, daß er ungeheuer innovativ ist und daß er zustande brachte, was vorher auf der Welt nie möglich war: nämlich eine Phase von Wachstum und Wohlstand für so viele Menschen, für so große Zahlen und für so lange Dauer wie niemals vorher in der Welt. Es ist auch gar keine Frage, daß obendrein dieser westliche Kapitalismus sehr floriert, daß er sich angenehm aushalten läßt.

Aber eines hat dieses Wirtschaftssystem, zu dem es derzeit keine wirkliche Opposition in der Bundesrepublik gibt, die tragfähig wäre, noch nicht erwiesen: Ob die Probleme des Weltarbeitsmarkts, der Weltwährungsstabilität, der Weltwirtschaftssituation innerhalb des kapitalistischen Systems überhaupt ohne Krieg meisterbar sind. Die Frage: Frieden oder nicht? wird sich im wesentlichen auch von daher ergeben. Und wenn wir nicht bereit sind, jene Primitivgleichung mitzumachen, die da immer behauptet »Der Westen frei und demokratisch und moralisch und der Osten das Gegenteil davon«, dann müßte ja unsere größte Aufmerksamkeit auch der Frage gelten, was es bedeutet, daß Teile der westlichen Wirtschaft, z. B. speziell Amerikas, Rüstung und Nachrüstung ja nicht nur im Sinne der Friedenserhaltung wollen, sondern – sehr wohlorganisiert in der wirtschaftlichen Konkurrenz – mit der Zielsetzung, die sowjetische Wirtschaft weiterhin mit so hohen Rüstungsausgaben zu belasten.

Und die Sowjetunion empfindet sich sicher, was bei uns zu Lande nicht diskutiert wird, als das Land auf der Welt, das gegenwärtig am meisten bedroht ist – nämlich potentiell China, die USA und Westeuropa gegen sich hat. Wer in die UdSSR reist, weiß, daß es in der Sowjetunion bei Millionen Bürgern mindestens ebensogroße Angst gibt wie bei uns. Es gibt Millionen, die vor nichts auf der Welt mehr Angst haben als vor westdeutschem Militär, so daß der Abbau dieser beiderseitigen und gegenseitigen, im Sinne der Kriegsgefahr hochreizenden Ängste mindestens so wichtig ist wie Bewußtsein in Hinsicht auf Abrüstung.

11. »Wie nach dem Grundgesetz das Eigentum (also das Kapital) sozialpflichtig sein soll, muß auch die Sozialpflichtigkeit der Intelligenz gefordert werden. Denn käufliche Intelligenzen ohne soziale Moral, ohne Verantwortung für das Gemeinwohl können Verheerungen anrichten wie Massenvernichtungsmittel.«

12. »Wer aussteigt, muß (um ein Wort Herbert Wehners abzuwan-

deln) auch wieder einsteigen. Denn, wer nicht aus dem Leben aussteigt, entkommt auf die Dauer nicht dem gesellschaftlichen Zusammenhang. So erging es schon Luther mit der katholischen Kirche: Der Protest bleibt an das gebunden, gegen das er protestiert. Außerdem besitzt Aussteigen meist auch eine ökonomische Dimension, die nicht selten auf Kosten anderer geht.«

13. »Die Alternative zum Aussteigen ist das beharrliche Verändern einer politischen Basis, die als Massenbasis auftritt oder es zu werden trachtet, für eine alternative Konzeption. Ob man die ›dicken Blätter‹ Max Webers oder die Grass'sche Schnecke als Sinnbild nimmt – es gibt keine andere politische Veränderung als durch die Mehrheit, sofern man von der relativen Demokratie nicht lassen will. Und wer wollte das?«

14. »Aus allem folgt meine Überzeugung: Aussteigen ist keine Alternative, jedenfalls nicht das Aussteigen aus der Politik. In diesem Sinn ist die Verneinung von etwas Negativem der Anfang von etwas Positivem. Jede Zielformulierung läuft Gefahr, in die Konkurrenz der Gemeinplätze einzumünden. Das soll uns nicht schrecken; denn not tut u. a. dies:

– das Ende der Wehleidigkeit
– das Ende der alten deutschen Verwechslung von Gehorsam und Mut
– das Begreifen der demokratischen Funktion von Widerspruch gegen Obrigkeit
– Bewußtseinsstolperdrähte für Mitläufer im Konsumismus der Angepaßten
– der Anfang, das Grundgesetz als allgemeine Maxime des Handelns populär zu machen. Es enthält alles, was wir brauchen, um tatsächlich mehr Demokratie zu wagen in einer Zeit, in der die Verfechter des bestehenden Zustandes sich verabredet haben, weniger Demokratie zu riskieren.

Gebraucht wird die Orientierung an Jomo Kenyattas Lehrsatz: »Politik ist eine Arena mit fürchterlichen Fallgruben für einen Menschen mit Idealen. Doch ohne Triebkraft von etwas Idealismus ist der Politiker ein schwieriger Mensch.«

Gebraucht wird Widerstand gegen die Hysterisierung der politischen Auseinandersetzung (Beispiele: Bremen – Krawall, die Gehaltsdebatte im Deutschen Bundestag). Solange dort, in manischer und dümmlicher Polarisierung, das Phänomen der Gewalt unter Menschen nicht erörterbar ist, weil jeweils eine Seite nur auf die andere eindreschen kann, als käme von daher das Unheil über unsern Staat, solange wird eine wirklich demokratische Debatte über ein so schwieriges Thema wie das der ›Alternative ohne oder mit Gewalt‹ nicht gelingen.

Gebraucht wird die Erneuerung der Sprache in der Politik. Und dies kann nur erfolgen unter den Bedingungen der Massenfreiheit. Es gilt längst nicht mehr (bei dem Blick auf die Medien als die mindestens zweitwichtigsten Garanten der möglichen Demokratie) darum, CDU und CSU rauszuzwingen, Sozialliberale rein – sondern es geht darum, in den Anstalten des öffentlichen Rechts, in Hörfunk und Fernsehen oder auch in den Print-Medien den Zutritt der Parteien insgesamt fernzuhalten. Denn keine von ihnen ist in der Lage, über den Blickwinkel der eigenen Interessen hinaus wirklich das zu praktizieren, was Garantie von Meinungsdemokratie in der Bundesrepublik sein müßte.

Die Heinemann-Initiative gehört zu den wichtigen Gruppierungen, die versuchen, in solchen Fragen mit Leidenschaft, mit Beharrlichkeit etwas zu tun. Gebraucht werden Leute, die unter diesen Voraussetzungen einsteigen in die politischen Arbeitsbedingungen in Gustav Heinemanns schwierigem Vaterland.

Aus der Diskussion

Die Diskussion im Plenum beschäftigte sich von Anfang an vor allem mit der Frage, welche Funktion die Gustav-Heinemann-Initiative im politischen Feld habe, ob ihre bisherige Arbeit dieser Funktion ausreichend gerecht werde, welche Änderungen für eine größere Effektivität und Legitimität ihres Auftretens möglich, wünschenswert und verwirklichbar seien.

Dabei waren sich die Diskussionsredner in der Ansicht einig, daß eine Initiative wie die GHI sowohl die Funktion habe, *in* den Parteien die dortige »außerparlamentarische« Opposition, d. h. kritische Minderheiten zu ermutigen und durch ihr Wirken zu stärken, als auch die allgemeinere Funktion, vor allem solche Anliegen, Sachthemen und Problemfelder öffentlich zu machen, die im Geflecht von Partei- und Verbandsraison sonst nicht entsprechend ihrem sachlichen Gewicht artikuliert und politisch wirksam werden.

In der Diskussion darüber, wie eine größere demokratische Öffentlichkeit wirksam werden könnte, stieß auch der von Prof. Gollwitzer vorgetragene Vorschlag zu einer Veränderung der 5%-Klausel zu einer 3%- oder 4%-Klausel im Wahlrecht auf viel Zustimmung: Dies wäre auch ein Beitrag zu mehr innerparteilicher Demokratie. In den Großparteien gewönne erfahrungsgemäß die Parteizentrale ein zu großes Übergewicht. Auf der kommunalen Ebene gebe es durch das Wahlrecht in einigen Bundesländern, das die Stimmenkumulierung und -Panaschierung vorsehe (die auch vom Wähler sehr intensiv genutzt wird) eine sinnvolle Möglichkeit zu mehr Demokratie.

Einen sehr negativen Einfluß auf die wirksame Artikulation und Durchsetzung von wichtigen politischen Zielen habe in vielen parlamentarischen Gremien der hohe Prozentsatz von Mandatsträgern und Parteifunktionären aus dem öffentlichen Dienst.

Sehr oft erweise es sich für den politisch engagierten Bürger als nützlich und notwendig, sich auch außerhalb einer Partei – in einer Bürgerinitiative oder in ähnlichen Gruppierungen – zu engagieren, so wie umgekehrt das Vorhandensein und die Aktivität solcher Initiativen auf die Diskussionsoffenheit *in* den Parteien direkt und indirekt positiv wirke.

Auf diese Weise lasse sich auch der Parteierfahrung und Parteienmeinung entgegenwirken, daß eine lebhafte und offene innerparteiliche Diskussion den Chancen der betr. Partei beim Wähler nur schade. Diese Meinung habe sich besonders deprimierend beim diesjährigen CSU-Parteitag gezeigt, wo man nach 70 Minuten zum geselligen Teil übergegangen sei und wo überhaupt keine kontroversen Meinungen artikuliert wurden.

Kritisch wurde von mehreren Sprechern in der Diskussion vermerkt, daß die GHI ihren kritischen Initiativcharakter bisher zu wenig und zu selten öffentlich wirksam artikuliert habe. Daß dies durchaus gehört werde, habe sich daran gezeigt, welche Aufmerksamkeit und Wirkung beispielsweise die Engagements der GHI in der Frage des Radikalenerlasses und auf dem Feld der Regelung für Wehrdienst und Ersatzdienst gefunden hätten.

Eine Diskussionsrednerin konzentrierte ihre Kritik an der bisherigen Arbeit der GHI vor allem auf die folgenden Punkte:

1. Organisations- und Arbeitsform: für viele Mitglieder werde die GHI faktisch nur in der Jahrestagung als aktiv erfahrbar.

2. Die Themenauswahl werde dabei schon fertig vorgegeben. Andere dringliche Themen (z. B. Medien, Datenschutz) könnten dann in die Auswahl nicht mehr aufgenommen werden.

3. Die Beiträge in den Arbeitspapieren und auch auf der Tagung seien oft zu theoretisch-grundsätzlich, böten zu wenig Anschauung und Handhabe für eigene Aktivität.

Zwei Möglichkeiten böten sich an:

1. Stärkung und Ausbau der regionalen Organisationsformen und Aktivitäten. Dies könne auch so geschehen, daß man sich in bestimmten Regionen auf bestimmte Themenfelder konzentriere.

2. Damit in Zusammenhang sollten durch solche Gruppierungen zentral Daten (z. B. über Fälle der Verletzung von Bürgerrechten) gesammelt werden, in einer Art »Datenbank«. Das gäbe konkretere Möglichkeiten für die Argumentation in der Öffentlichkeit.

Einen breiten Raum nahm auch die kritische Auseinandersetzung mit der – in der öffentlichen Meinung weitverbreiteten – scheinbaren oder angeblichen SPD-Lastigkeit der Repräsentanten der GHI ein. Von Borries – Mitglied keiner Partei – belegte anhand eines Briefwechsels mit dem Hamburger Umweltsenator (SPD) die weitverbreitete Unkenntnis bzw. Fehleinordnung der GHI als einer SPD-Organisation. Die Heinemann-Initiative sei öffentlich viel zu wenig bekannt.

Freimut Duve ergänzte, aufgrund von Erfahrungen im Gespräch mit kritischen jungen CDU-Leuten, es sei eine Chance und Aufgabe von Gruppierungen wie der GHI, das demokratisch-kritische Potential, über Parteigrenzen hinaus, auch in der CDU zu stützen und zu ermutigen. Die GHI müsse die ihr gegebene Chance nutzen, als ein geeigneter Ort für ein solches Gespräch erkennbar zu werden, gerade für die vielen Bürger, die – unbeschadet ihrer Wahlentscheidung – mit Leidenschaft an einem intensiven Demokratiegespräch und -verständnis interessiert seien.

Zu einer längeren, kritisch geführten Diskussion kam es über den Antrag einer Diskussionsrednerin, einen jetzt zu beschließenden Appell folgenden Inhalts zu veröffentlichen:

- die Rüstungsausgaben prozentual und absolut zu senken,
- die Ausgaben für die Dritte Welt über die angestrebten 0,7 Prozent hinaus *jetzt* zu erhöhen,
- Budgetmogeleien im Forschungsministerium zu kritisieren, wo man eine Erhöhung vorgetäuscht habe, indem man teilweise Rüstungsforschungsprojekte dort angesiedelt habe,
- das Bruttosozialprodukt im Sinne einer umweltfreundlichen Wirtschaftsweise umzuschichten und zu senken und es gleichzeitig gerechter zu verteilen.

Erhard Eppler machte den Gegenvorschlag, die GHI solle der – gerade eben beschlossenen – überproportionalen Aufstockung des Rüstungshaushalts widersprechen. Dies sei im jetzigen Moment wirksamer und aktueller als eine Wiederaufnahme allgemeinerer Formeln und Formulierungen.

In der Diskussion ergaben sich Befürworter für beide Vorschläge, zugleich auch eine Kritik, das Vorgehen hier sei zu sehr von wahltaktischen Überlegungen bestimmt. Es sei wichtig, daß z. B. eine Sache wie die Umschichtung von Haushaltsmitteln (wie im Forschungsministerium) deutlich bewußt gemacht werde, zumal diese Prozedur leider ein häufiges wahltaktisches und politisches Mittel parlamentarischen und gouvernementalen Taktierens sei.

Als Ergebnis dieser Diskussion wurde dann der folgende Text formuliert, mit großer Mehrheit von den Anwesenden gebilligt und an die Presse gegeben:

»Die Gustav-Heinemann-Initiative widerspricht der Auffassung, daß eine Erhöhung der Rüstungsausgaben zu diesem Zeitpunkt die angemessene Antwort auf die derzeitige weltpolitische Lage ist. Unabhängig davon, daß eine Senkung der Rüstungsausgaben zugunsten anderer staatlicher Aufgaben erforderlich ist, bedeutet ihre Erhöhung zum jetzigen Zeitpunkt vermehrte Angst und außenpolitische Unsicherheit.«

Zur Diskussion über das Zustandekommen, die Entwicklung und die Effektivierung der GHI erläuterte Prof. Gollwitzer: Der gegenwärtige organisatorische Status ergebe sich aus folgender Entwicklung: Vorgespräche zwischen einigen heutigen Mitgliedern des Trägerkreises der GHI hätten im Herbst 1977 stattgefunden. Dann habe sich ein etwas erweiterter Kreis von ca 20 Mitgliedern konstituiert, der dann die Erklärung zur Gründung einer Gustav-Heinemann-Initiative verfaßt und beschlossen habe. Nach der Gründung der GHI, Ostern 1968, hätten diese Personen dann den Trägerkreis durch über 30 weitere Namen ergänzt, wobei die folgenden Gesichtspunkte wesentlich gewesen seien:

- ein möglichst breites Spektrum politischer und beruflicher Beheimatungen;
- eine einigermaßen »flächendeckende« Verteilung der Mitglieder des Trägerkreises in der Bundesrepublik.

Aus juristischen Gründen habe man später den »Verein« der GHI gegründet (u. a. Abzugsfähigkeit von Spenden), der aber keine politische Funktion habe. Diese liege beim Trägerkreis. Außerdem habe man, um überhaupt zwischen den Veranstaltungen öffentlich reagieren zu können, einen Sprecherkreis von 5 Leuten gewählt. Und schließlich habe man Beauftragte in den »Regionen« benannt.

Zu wünschen und zu betreiben sei, daß die Regionen mehr Möglichkeiten eigener Aktivität fänden und entwickelten, wie das in manchen Regionen schon der Fall sei – vor allem in stärker durch Großstädte bestimmten Regionen. Es ergebe sich immer deutlicher die Aufgabe und die Notwendigkeit, die bisher quasi »rechtlosen« etwa 1500 Unterzeichner der Zustimmungserklärung mit mehr Möglichkeiten der Mitgestaltung und Aktivität auszustatten. Dies werde faktisch wohl am wirksamsten durch eine Verstärkung der Aktivität in den Regionen geschehen können.

Walter Hähnle

Erhard Eppler
Schlußwort

Ich möchte ein Stichwort von Peter Lattmann aufgreifen, der von der positiven Resignation gesprochen hat. Ein höchst erstaunlicher Begriff. Wenn ich ihn richtig verstanden habe, dann meint er, daß es eine bestimmte Form politischen Willens nur gibt, wenn sie durch Rückschläge und Niederlagen hindurchgegangen ist, aber eben Wille bleibt. Wenn das positive Resignation sein sollte, würde ich mich und manche, die hier sind, in der Tat zu diesen positiv Resignierten rechnen.

Wer macht unsere Zukunft? Sind wir nur Marionetten? Oder – wie Freimut Duve gesagt hat – sind wir nur Strampler in einem Strampelsack, aus dem wir nicht herauskommen?

War es nicht so, daß die Sportler, die sich in teilweise ergreifenden und Politiker beschämenden Diskussionsbeiträgen über unsere Teilnahme an der Olympiade geäußert haben, sich als Marionetten empfunden haben? Zumal sie nicht wußten, ob diejenigen, die ihre Fäden in der Hand hatten, möglicherweise auch schon wieder an Fäden hingen, die anderswo bedient wurden. Wer zieht denn die Fäden? »Sind denn diese Leute, die die Fäden ziehen, soviel klüger«, fragten die Sportler, und ich fürchte, sie hatten sogar recht mit solcher Frage. Oder hängen die nur an wieder anderen Fäden? In diesem Zusammenhang eine aktuelle Bemerkung: Ich muß Ihnen gestehen, daß mich in dieser ganzen Debatte am meisten die Argumentation von Herrn Weyer bedrückt hat, der sinngemäß sagte: ›Weil wir das Volk der Weltkriege sind, weil wir so leicht wieder »die häßlichen Deutschen« sind, müssen wir jetzt zur Olympiade »nein« sagen, damit dieses Deutschenbild in Amerika nicht wieder entsteht.‹ Ich habe das Gefühl, es gibt auch außerhalb der Vereinigten Staaten noch Menschen, die darüber nachdenken, ob es häßliche Deutsche gibt oder nicht. Ich hätte dieses Argument, wenn man es schon benützt, in der umgekehrten Richtung benützt.

Aber die Frage ist eben: »Wie weit geht unser Entscheidungsspielraum – wie weit sind wir Marionetten?« Herr Muskie erklärt, daß die Vereinigten Staaten und Europa zusätzlich zu rüsten hätten. Die Begründung ist die Rakete SS 20 der Sowjetunion. Aber die Sowjetunion hat sich, soweit ich das einsehen kann, bereits darauf eingestellt, daß die »Pershing-Rakete« und die »Cruise Missile« im Jahr 83 stationiert werden – und sie denkt jetzt darüber nach, wie sie den nächsten Schritt tun soll, als Antwort auf die »Cruise Missile« und auf die »Pershing«. Die Frage ist also: geht das so weiter, unabhängig davon, was wir wollen? Sind wir auch hier wirklich nur Marionetten?

Carl Friedrich von Weizsäcker, der hier schon zitiert wurde, hat einmal gesagt: »Es gibt Situationen, in denen man eigentlich schreien möchte, aber da jeder, der schreit, für einen Narren gehalten wird, schreie ich eben nicht, sondern spreche leise.« Und nun spricht er also leise und schreit nicht und sagt dann: Die Rüstungsanstrengungen der Nato und der Vereinigten Staaten gehen jetzt darauf aus, in den 90er Jahren wieder eine klare , auch nukleare Überlegenheit zu bekommen. Und was geschieht in den 80er Jahren, in denen die Russen abwarten sollen, bis diese Überlegenheit da ist? Oder, wie er das formulierte: Was tut der Bär, wenn man ihn in die Ecke drängt? Und er kommt dann zu dem Ergebnis: Wahrscheinlich sind deshalb die 80er Jahre die gefährlichsten seit dem Zweiten Weltkrieg. Er sagt ja auch ganz trokken: Die Vernichtungspotentiale, die jetzt angehäuft sind, die gehen eines Tages los. Das stellt er als Tatbestand fest. Was tun wir? Wir nehmen das zur Kenntnis. Und weil er nicht schreit, (und er schreit nicht, damit man ihn ernst nimmt, ihn nicht für einen Narren hält) schreien wir auch nicht und lassen die Dinge, weil wir nicht anders können, laufen.

Wieviel wir da laufen lassen, das ist mir klargeworden, als Freimut Duve über Kambodscha gesprochen hat. Ja, es ist wahr: Wir konnten wahrscheinlich diesem Volk nicht helfen. Nur mußte es dann sein, daß wir, nach all diesen Massenmorden in Millionenhöhe, noch aus außenpolitischen Gründen – weil das für die Volksrepublik China und gegen die Sowjetunion war – in den Vereinten Nationen auch dafür stimmt, daß dieses Mörderregime das legitime Regime in Kambodscha sei? Und das haben wir, zusammen mit anderen Verbündeten, getan. Wo bleibt da noch der moralische Anspruch?

Die Spannungen, mit denen wir konfrontiert sind, haben mit Öl zu tun. Die USA haben den Persischen Golf zu ihrem Einflußgebiet, zu ihrem Interessengebiet erklärt. Genauer müßte man sagen: zum Interessengebiet der Autofahrer in den Vereinigten Staaten oder der Autofahrer in Westeuropa. Ich bin im Sommer 1979 von der »Zeit« – nicht vom »Rheinischen Merkur« oder vom »Bayernkurier«, sondern von der »Zeit« – aufgefordert worden, einen Kontrovers-Artikel zu schreiben mit dem Thema: »Sind Sie dafür, daß die Vereinigten Staaten die Ölquellen notfalls besetzen?« Das war lange vor der Geiselnahme in Persien. Das war allen Ernstes so gemeint, da gab es ein Pro und ein Contra. Da habe ich geschrieben: Eigentlich ist ja schon diese Frage ein Zeichen totaler Verluderung politischer Sitten. Daß man also fragt: Bist du dafür, daß die USA die Ölquellen, wenn ihre Interessen das gebieten, besetzen? Daß meine Freunde in Tansania vor die Hunde gehen, weil sie das Öl nicht bezahlen, aber auch keine Fallschirmjäger an den Persischen Golf schicken können, weil sie keine haben – dies ist offenbar der Unterschied zwischen mächtigen und ohnmächtigen Staaten, und ich habe damals in diesem Kontrovers-Artikel gesagt: Wie wollen wir noch den Einmarsch der Sowjetunion in die Tschechoslowakei verurteilen, wenn wir hier darüber diskutieren, ob die Interessen des amerikanischen Autofahrers es rechtfertigen, die Ölquellen zu besetzen?

Dies war vor Afghanistan, aber dieselben Leute – die mich damals für einen Naivling gehalten haben, weil ich gesagt habe: Das sollte man lieber nicht tun! – haben sich dann unerhört empört über den Einmarsch in Afghanistan. Und da wundern wir uns, wenn die jungen Menschen über die Glaubwürdigkeit unserer politischen Aussagen ihre eigene Meinung haben!

Zu einem anderen »Zwang«: Es ist klar, daß wir, wenn wir den Weg der nuklearen Technologie weitergehen, in den 90er Jahren zu dem »Schnellen Brüter« kommen müssen, zu der Brüter-Technologie – einfach, weil das Uran dann auch teuer und knapp wird. Diese Brüter-Technologie hat dann ein Vielfaches an Gefahren, verglichen mit dem, was heute der Leichtwasserreaktor hat, und sie ist viel leichter mißbrauchbar für die Proliferation von Atomwaffen, als der Leichtwasserreaktor. Trotzdem sagt man: Es ist ein Zwang. Wenn die Zuwachsraten so sind, wie sie im Wirtschaftsministerium ausgedacht werden, dann brauchen wir das halt. Dieser Zwang wird konstatiert, ganz ohne darüber nachzudenken: Wer macht denn diesen Zwang? Daß der Stromverbrauch jedes Jahr um 3 oder 4 oder 5 % steigen »muß«? Wobei er in den letzten Jahren übrigens im Schnitt nur um 3 % gestiegen ist – viel weniger, als die Prognostiker gesagt hatten. Wer hindert uns daran, diese 3 % in den nächsten zwanzig Jahren auf zwei und dann auf eins und dann schließlich auf null herunterzudrücken, statt in eine Technologie hineinzugehen, von der wir – im besten Fall – nicht wissen, wohin sie führt?

Das sind alles »Zwänge«, und die Frage ist: Gibt es keine Möglichkeit, diese Zwänge zu durchbrechen? Die Dritte Welt – ist sie wirklich vor die Alternative gestellt, entweder das Elend des deformierten Agrarstaats zu erdulden (wie etwa in den meisten Ländern Westafrikas) oder das Elend eines von multinationalen Konzernen nach ihren Maßstäben kapitalintensiv industrialisierten Landes? Gibt es da keine andere Möglichkeit? Und was tun wir mit den wenigen Ländern, die einen Weg dazwischen suchen? Helfen wir denen? Ich habe erlebt, wie unendlich schwierig es ist, denen zu helfen, weil die Interessen bei uns ganz anders gelagert sind.

Wer macht unsere Zukunft? Sind es die Kräfte, die die Zwänge produzieren, die die Zwänge nutzen und verstärken, an die wir glauben sollen? Ist das die Macht – die ökonomische Macht, die sich übersetzt in Medienmacht? Übrigens gilt das auch umgekehrt: Von der Medienmacht, die sich wiederum übersetzt in ökonomische Macht, und die letztlich den Diskussionsspielraum festlegt, den es in diesem Lande gibt; die klarmacht, wo man sich außerhalb dieses Diskussionsspielraumes bewegt und daher ins politische Nichts fällt. Und gibt es gegen diese Macht noch Gegenmacht?

Liebe Freunde, es gibt bei uns heute so etwas wie einen zynischen Realismus. Ich halte es für einen zynischen Realismus, wenn man in Amerika sagt oder mindestens denkt, daß es eher möglich ist, das amerikanische Volk in einen militärischen Konflikt am Persischen Golf hineinzubringen, als den amerikanischen Autofahrer zu einer deutlichen Zurückhaltung zu zwingen. Es ist das erste politisch leichter als das zweite. Wenn man dies dann Realismus nennt, dann ist es zynischer Realismus. Denn, was aus diesem Konflikt dann wird, weiß niemand.

Es ist eher möglich, eher politisch durchsetzbar, die Rüstungsschraube immer weiter zu drehen, als sich den Vorwurf zuzuziehen – etwa vor einer Bundestagswahl –, man tue nicht genug für die Verteidigung. Und wenn man sich auf diese Art von Realismus einläßt, ist das wohl auch zynischer Realismus – wenn man weiß, wohin diese Schraube letztlich führt. Und es ist eher möglich, der nächsten Generation Entsorgungshypotheken in Sachen Kernkraftwerke aufzubürden, als gegen die Angst anzugehen, ein vermindertes Wirtschaftswachstum könnte die eine oder andere Minderung des Wohlstandes bringen. Es ist völlig ungefährlich für eine Regierung bei uns zuzusehen, wie die tropischen Wälder in rapidem Tempo abgeholzt werden, so daß in 60 Jahren der letzte tropische Baum fallen wird, wenn es so weitergeht. Es gehört überhaupt nichts dazu, hier zuzusehen, aber es gehört unendlich viel dazu, sich mit den Firmen anzulegen, die das tun – den deutschen, den japanischen, den amerikanischen, den französischen; das ist vielleicht auch zynischer Realismus.

Deshalb ein Wort zu dieser Arbeitsgruppe Politik und Moral: Es gibt ein Pathos aus der »Verantwortungsethik«, das so tut, als ob Ethik automatisch schon aus der Verantwortung entstehe. So ist das nicht. Und ich würde mich da viel lieber an Bonhoeffer halten als an Max Weber. Wir müssen darüber nachdenken, was Bonhoeffer in seinen Briefen aus dem Gefängnis gemeint hat, als er sagte: Auch der Erfolg ist eine moralische Kategorie. Weil ja immer auf der Basis des Erfolgs Wirklichkeit gestaltet wird, in der wir weiterleben müssen. Bonhoeffer sagt: Es kommt nicht darauf an, wie wir uns heroisch aus der Affaire ziehen, sondern es kommt darauf an, wie die nächste Generation weiterleben soll. Dies ist es, was ich Verantwortungsethik nennen möchte.

Damit sind wir beim Thema »Macht«. Natürlich braucht Politik Macht zur Durchsetzung. Nur: Was ist Macht? Macht ist doch nicht einfach die Möglichkeit der Administration, die Möglichkeit, einen Stander ans Auto zu machen, die Möglichkeit, Ministerialräte zu ernennen! Das ist eine sehr, sehr fragwürdige Macht, zumal der Personalrat genau aufpaßt, daß der Richtige jeweils befördert wird. Macht ist doch vielmehr die Möglichkeit der Gestaltung der Gesellschaft, und alles, was nicht die Möglichkeit der Gestaltung von Gesellschaft in sich schließt, ist bestenfalls formale Macht – eine Macht, mit der man nichts anfangen kann, die dann gar keine Macht im strengen Sinne mehr ist! Und die eigentliche, politisch-moralische Grundfrage ist: Wie ist Macht, mit der auch wirklich gestaltet werden kann, zu erringen? Die Frage ist also nicht: Wie verzichten wir auf Macht?, sondern: Wie ist die Macht zu erringen, mit der man gestalten kann – nicht eine Macht, die dann nachher im Grunde nichts mehr bewegen kann. Ich glaube, daß wir in eine Epoche hineingehen, in der ohne das permanente Risiko für die politische Position und die politische Karriere keiner mehr etwas bewegen kann. Ich weiß, was ich damit sage. Wer Politik künftig im Hin- und Herschielen auf Interessengruppen, die seine Karriere bestimmen könnten, macht, wer dies als Hauptberuf tut, der wird nichts mehr bewegen können. Wer etwas bewegen will, wird permanent seine eigene politische Existenz zu riskieren haben. Das scheint mir die eigentliche moralische Kategorie der nächsten 10 Jahre zu sein.

Was geschieht nun mit dem Bürger, wenn er mit dieser Ohnmacht und mit diesem zynischen Realismus konfrontiert wird? Er resigniert, weil er sich ohnmächtig fühlt, auch dann, wenn keine Apokalypse ihn plagt. Letzthin, in einem kleinen Nest im Schwarzwald, haben ein paar junge Leute Süßigkeiten, gefärbtes chemisches Zeug, kaufen wollen; sie wollten von meiner Frau Geld dafür haben. Und sie sagte zu ihnen: »Ich würde euch ja gern Geld geben, aber für so einen Krampf, für so ein giftiges Zeug gebe ich euch das Geld nicht.« Die Antwort dieser jungen Leute, zunächst einmal ganz ernst: »Ach was, wir werden sowieso nicht alt.« Danach hat der Junge versucht, das ins Lächerliche zu ziehen – aber es war gar nicht lächerlich. Auch das ist ein Stück Resignation – sicherlich keine positive Resignation.

Aus dieser Ohnmacht kommen dann auch Ausbrüche in die falsche Richtung. So sehr ich verstehe, daß bestimmte Zeremonien – mit ihrer Mischung aus Militärischem, Nationalem und Pseudo-Christlichem – heute nicht mehr passen, so schrecklich finde ich es, wenn nun ausgerechnet – wie in Bremen – junge Rekruten das Gefühl vermittelt bekommen, sie müßten dafür herhalten, daß der Rüstungswettlauf nicht abzustoppen ist. Das ist ja auch schlimm, das ist mit Sicherheit die falsche Adresse.

Und dann gibt es die Möglichkeit einer neuen Partei; darüber ist heute auch gesprochen worden. Wenn ich das richtig sehe, dann hat diese neue Partei bisher lediglich Verschiebungen in den bestehenden Parteien hervorgerufen, und zwar genau die falschen, Verschiebungen, die sie eigentlich nicht haben wollte. Das begann in Schleswig-Holstein und hat sich anderswo, bis hierher, fortgesetzt.

Mein Rat wäre, daß wir alle Zwänge mit einer radikalen Skepsis ansehen, weil es überwiegend herbeigeredete Zwänge sind, weil es oft selbstgemachte Zwänge sind, weil es oft interessenbedingte Zwänge sind, Zwänge, die wir dann in unseren Köpfen verinnerlichen. Und wenn wir das getan haben, dann, in der Tat, gibt es keinen Ausweg mehr.

Deshalb ein paar Konsequenzen, die ich noch nennen möchte:

Erstens: Lassen Sie uns skeptisch sein gegen alles, was sich als Zwang ausgibt, ob das ein Straßenbau, ob das eine Rüstungsmaßnahme ist, ob das ein Kernkraftwerksbau ist – alles, was sich als Zwang ausgibt, soll als erstes einmal mit größter Skepsis betrachtet werden; denn ein Experte ist normalerweise ein Mann, der, wenn er etwas will, auch nachweisen kann, daß es unbedingt sein muß. Dann wäre die Frage, was wir dagegenzusetzen haben.

Zweitens: Wir müssen die Beweispflicht nicht nur für die Veränderungen, sondern auch für das Bestehende einführen. Es ist nicht nur so, daß jeder, der etwas verändern will, nachweisen muß, daß das auch gut ist; in einer Zeit, in der die Fortschreibung dessen, was wir bisher getan haben, mit Sicherheit in Katastrophen führt, ist vielmehr auch das Bestehende und die Fortschreibung des Bestehenden jeweils beweispflichtig. Das haben wir noch gar nicht probiert.

Drittens: Wir müssen nicht immer fertige Konzepte abwarten. Es muß nicht sein, daß wir jetzt schon ein Bild der Energieversorgung für das Jahr 2010 fertig vor uns haben oder das Bild einer friedlichen Welt im Jahr 2020. Das ist nicht nötig. Nötig ist, daß wir die Richtung sehen, in der das gehen muß. Und daß wir dann, wie Gustav Heinemann gesagt hat, die kleinen strategischen Schritte in die richtige Richtung zu gehen versuchen. Das kann jeder.

Viertens: Wir müssen uns leidenschaftlich wehren gegen falsche Alternativen. Damit wird nämlich jede Politik kaputtgemacht. Eine der falschen Alternativen, mit denen man die Arbeiterbewegung und die Ökologiebewegung auseinanderdividiert, ist die Behauptung, daß das, was ökonomisch richtig ist, ökologisch meistens fragwürdig sei, und das, was ökologisch nötig sei, ökonomisch schädlich sei. Ich könnte Ihnen an vielen Beispielen exakt das Gegenteil nachweisen. Nehmen Sie unsere Landwirtschaft; sie ist ökologisch genauso unsinnig, wie sie ökonomisch unsinnig ist, und sie ist ökologisch unsinnig, weil sie ökonomisch unsinnig ist. Und unsere Verkehrspolitik ist ökonomisch so unsinnig, wie sie ökologisch unsinnig ist, und sie ist ökologisch so unsinnig, weil sie ökonomisch so unsinnig ist. Wir müssen einmal darüber nachdenken, inwiefern die miserable Ökonomie sehr häufig auch zur miserablen Ökologie führt.

Fünftens: Wir sollten uns nicht scheuen, gelegentlich einfach Widerstand anzumelden. Das Argument: »Es kommt doch, Ihr könnt machen, was Ihr wollt!« ist ein defaitistisches, ein zutiefst entmutigendes Argument – so etwa bei der Frage des Kabelfernsehen: Ich akzeptiere noch nicht, daß man sagt: ›Ihr könnt tun und lassen, was Ihr wollt, es kommt doch, wir müssen daher nur noch darüber nachdenken, wie es kommt.‹ Wenn wir uns das einreden lassen, ist eigentlich schon das Entscheidende gelaufen. Wir müssen uns erst einmal wirklich die Frage stellen: Muß es denn wirklich kommen? Hier bin ich erfreulicherweise wohl auch mit dem Bundeskanzler einer Meinung bin.

Liebe Freunde, zum Schluß: Es gibt – und das geht gegen jede Resignation – viel mehr Formen und Chancen des Wirkens, als wir manchmal in depressiven Phasen glauben. Denn, völlig unabhängig von dem, was wir tun oder nicht tun, es bewegt sich doch etwas, es hat sich im Bewußtsein der Menschen in diesem Jahrhundert noch nie so viel bewegt wie in den letzten zehn Jahren. Jeder, der seine eigenen Meinungen von 1970 vergleicht mit seinen eigenen Meinungen von1980 – etwa im Bereich der Energiepolitik, im Bereich Technologie überhaupt, des Wirtschaftswachstums – der weiß, was sich da bewegt hat. Worauf es jetzt ankommt für eine Gruppe wie die unsere, ist gar nicht, diese Bewegung in Gang zu setzen. Das ist längst im Gang, dieser Bewußtseinswandel. Die Aufgabe ist, dies zu verstärken, zu verbreitern, auf die Richtung einzuwirken, darauf zu sehen, daß diese Richtungsorientierung nicht irgendwo abgleitet, daß sie nicht zu verletzbar wird – vielleicht auch, sie in eine bestimmte Richtung zu kanalisieren.

Und das ist ja sehr viel leichter, als etwas in Gang zu setzen. In Gang setzen kann keiner eine Bewegung, da sind wir alle viel zu schwach dazu. Die Vorstellung, daß ein paar Professoren die Studentenrevolte in Gang gesetzt hätten, ist eine maßlose Überschätzung des Professors. Die Vorstellung, daß der Erhard Eppler die Ökologiebewegung in Baden-Württemberg in Gang gesetzt hat, ist eine maßlose Überschätzung dieses Mannes. Ich will damit nur sagen: Was man tun kann, ist, daß man solche Bewegungen verstärkt, verbreitert, lenkt, in eine bestimmte Richtung zu steuern versucht – nicht, daß man sie schafft. Hier haben wir großartige Chancen.

Ich habe in der Arbeitsgruppe III von den vier Stufen geredet, das wiederhole ich jetzt nicht; das ist in dem Bericht aus der Gruppe dargestellt worden. Nur eines noch: Worauf es mir ankommt, das ist die Verbindung des privaten und des politischen Handelns. Es ist wahr, daß – wenn jemand alleine, gegen die öffentliche Meinung, immer mit dem Fahrrad fährt – dies eine private Handlung ist, aber es ist trotzdem schon ein Politikum. Irgendwo ist es schon ein Politikum, weil es in der Öffentlichkeit ja notiert und diskutiert wird. Jetzt käme es z. B. darauf an, daß da, wo alternative Lebensformen ausprobiert werden, sie nicht als Flucht, sondern als Zeichen für die anderen ausprobiert werden, als Zeichen nach außen, als Versuch zu wirken – nicht schulmeisterlich – auf die anderen, sie zum Nachdenken zu bringen. Umgekehrt gilt natürlich: Eine politische Forderung wird nicht glaubhaft, wenn das persönliche Handeln genau das Gegenteil von dem darstellt, was politisch gefordert wird.

Vielleicht noch eine letzte Bemerkung, gerade in der Heinemann-Initiative: Dieter Hildebrandt hat ja gestern abend diesen Slogan »Für ein bißchen mehr Menschlichkeit« persifliert, und ich habe gut verstanden, daß er das persifliert hat. Nur: Etwas von den Strukturfehlern unserer Politik ist doch, daß der einzelne Politiker, wenn er politisch tätig ist – hauptamtlich, hauptberuflich, lebenslänglich, wie Dieter Lattmann in einer guten Anspielung durchaus richtig gesagt hat –, daß der, der so lebt, von Termin zu Termin hetzt, bestenfalls noch verbal Menschlichkeit fordern, sie aber nicht mehr leben kann. Was ist das für eine politische Kultur, wo diejenigen, die Menschlichkeit politisch fordern, schon durch die Art ihrer Existenz daran gehindert sind, diese Menschlichkeit auch zu leben? Auch darüber müßte man einmal in der Heinemann-Initiative nachdenken.

Aber da ist vielleicht noch ein wichtiger Punkt: Es gibt – jedenfalls noch – die politische Forderung, hinter der keine menschliche Substanz steht; das wird in den 80er Jahren sicherlich nicht mehr durchschlagen. Die Gustav-Heinemann-Initiative, so hoffe ich, sollte ein Transmissionsriemen bleiben oder erst richtig werden zwischen dem, was Menschen für sich allein oder in Gruppen tun, und dem, was in die politische Willensbildung einfließt, auch in die Willensbildung der politischen Parteien.

Als Schwabe kommt man gern auf Hölderlin zurück. Sie kennen sein berühmtes Wort: »Wo aber Gefahr ist, wächst das Rettende auch.« Die Gefahr reicht uns. Sie war vielleicht noch nie so groß wie jetzt, zu Beginn der 80er Jahre; aber wenn unser Mut, unsere Zähigkeit und unsere Risikobereitschaft – auch unsere Konfliktbereitschaft – in dem Maße wachsen, wie die Gefahr wächst, dann glaube ich, daß wir in den 80er Jahren noch manche Zwänge durchbrechen werden.

Veröffentlichungen der Gustav-Heinemann-Initiative

Am Jahrestag der Verkündigung des Grundgesetzes (23. Mai) fand 1978 die erste Jahrestagung der an Ostern 1978 gegründeten Gustav-Heinemann-Initiative statt. Sie stand unter dem Gesamttitel »Bekommen wir eine andere Republik?« Thema der Jahrestagung 1979 war »Bürgerfreiheit gegen Obrigkeitsstaat«. Dokumentationen beider Tagungen sind ebenfalls als Broschüren im RADIUS Verlag erschienen und beim Buchhandel oder direkt beim Verlag erhältlich.

Weitere Auskünfte und Informationen können Sie erhalten bei
Gustav-Heinemann-Initiative
c/o Walter Hähnle
Zeppelinstr. 145
7000 Stuttgart 1

Zu den Beiträgen von D. Hildebrandt und W. Mossmann

Von Dieter Hildebrandt erschienen in letzter Zeit zwei Bücher: »Die verkaufte Haut – über die Bundesliga.« Hsgb. Guido Baumann. Bucher Verlag, Luzern 1979. – »Spaß ist machbar«. Hyperion Verlag 1980, Heidehofstr. 7, Postfach 729, 78 Freiburg.

Von Walter Moßmann erschienen in letzter Zeit zwei Schallplatten: »Frühlingslieder« und »Flugblattlieder«. Trikont Verlag, Josefsburgstr. 16, 8000 München 80.

***

Bei den in diesem Buch veröffentlichten Beiträgen handelt es sich um Tonbandabschriften, die von den Herausgebern redigiert wurden. Die Diskussionszusammenfassung erfolgte nach Notizen und Tonbandaufzeichnungen.

Inhalt